盛世新管理书架
SS New Management Bookshelf

成为明星讲师②

TTT课程设计与开发全案

楼　剑◎著

TRAINING THE
TRAINER TO TRAIN

人民邮电出版社
北京

图书在版编目（CIP）数据

成为明星讲师. 2，TTT课程设计与开发全案 / 楼剑著. -- 北京 : 人民邮电出版社，2017.4（2018.12重印）
（盛世新管理书架）
ISBN 978-7-115-45128-6

Ⅰ. ①成… Ⅱ. ①楼… Ⅲ. ①企业管理－职工培训 Ⅳ. ①F272.92

中国版本图书馆CIP数据核字(2017)第043027号

内容提要

本书通过小说的形式生动地讲述课程设计与开发课程培训，教导读者运用培训需求的分析工具，设计有效的培训目标，学会培训材料的甄别方法、不同类别信息的最佳呈现技巧，学会有效利用现有资源，应用模块化技巧设计生动有效的培训教材等，旨使读者在课程设计与开发课程中掌握基本技能。本书适合企业内部培训师、部门主管及渴望提升自我演讲能力、立志于成为培训师的人士阅读。

◆ 著　　　楼　剑
责任编辑　赵　娟
责任印制　彭志环

◆ 人民邮电出版社出版发行　北京市丰台区成寿寺路 11 号
邮编　100164　电子邮件　315@ptpress.com.cn
网址　http://www.ptpress.com.cn
北京虎彩文化传播有限公司印刷

◆ 开本：700×1000　1/16
印张：12　2017 年 4 月第 1 版
字数：147 千字　2018 年 12 月北京第 5 次印刷

定价：45.00 元

读者服务热线：(010)81055488　印装质量热线：(010)81055316
反盗版热线：(010)81055315
广告经营许可证：京东工商广登字 20170147 号

自 序

一年以前，我编写并出版了《成为明星讲师——TTT培训全案》这本书，用小说的形式演绎了许静这位内训师授课技巧提升的蜕变之路。此书出版发行后，很多读者加我微信，表示了对作品的喜爱，并分享了自身的阅读感受，这也让我受宠若惊。本着分享越多、收获成长越多的理念，我决定利用课余及休息时间编写《成为明星讲师2——TTT课程设计与开发全案》这本书。经过2个月的写写停停、停停写写，书终于写好了，即将与读者见面。

课程设计与开发作为一项专业性极强的工作，也是企业内训师需要掌握的必修技能，因为只有课程设计开发得完美，符合成年人的学习理念，才能调动学员参与的积极性，减轻老师授课的压力。也就是说，一个经过精心设计与准备的课程，反而对内训师的授课能力没有那么高的要求了，因为什么时候做互动，什么时候做讨论，什么时候做分享，老师需要点评和总结什么内容，课程里面都已经设计好了，老师只要按图索骥地操作就行了。很多课程甚至有详细的教学手册，里面记录了内训师的讲解和授课思路，即使一位没有此课程授课经验的老师，拿到教学手册也能依葫芦画瓢，做到八九不离十，可以基本胜任授课任务。所以这也能解释为什么获得讲师的版权认证的费用极其高昂，因为这门课程是这位老师十几年甚至几十年磨一剑的成果，课程已经研发到炉火纯青的地步了。你通过版权认证，相当于你只通过3～5天的学习就拿到了这位老师几十年的研究成果，他会把和这门课程相关的所有资料一并给你。

有的读者可能会诧异："楼老师，你刚刚说内训师是先开发出好的课程才能去讲课，如果内训师没有开发出课程，那他讲啥？"这个问题我也一直在思考。以前我开展十多天的内训师能力提升项目时，也有这样的想法，所以我会先把课程开发放在一开始来讲授，让学员先开发出企业组织需要的相关课程，然后基于这个课程进行试讲，或回岗位进行实践授课，并基于开发的课程来启发学员如何授课效果更好，学员愿意听，愿意参与。后来我发现，这样的效果不一定是最好的，为什么呢？因为当一个没有任何授课经验的新内训师一上来就先学习课程开发，按照我的课程设计，到最后，他是可以交付成形的课件的，这是没有问题的。但是课件的交付只是一部分，最重要的是内训师要把这个课件拿出去传授，要教给别人。因为他没有学过授课技巧，或者学习得比较少，他对如何授课以及如何把课程内容做生动形象的表述没有太深的概念和印象，因此会导致课程讲授较枯燥，单向讲授偏多，无法让学员融入课程。简单来说，一位没有经历过好课程或者没有什么较好课程体会的内训师是很难开发出一门好课程的，就像一位没有尝遍天下美食的厨师是很难烧出一道经典名菜一样。

所以，基于以上的教训，在现在的内训师培养项目中，我们会首先进行2～3阶段的内训师授课技巧的训练，让内训师先对授课产生兴趣，让他们知道现在的授课不再是10年前的“折腾”老师，而是要“折腾”学员，只有学员参与和体验了课程，和老师一起解决问题，一起在课堂中贡献智慧，基于建构主义获得属于自己的点滴收获，这样的课程才算是一个成功的课程，才能在学员心中留下痕迹，才有可能发生科氏三级评估的行为层面的改变。所以在很多场合我都提到，内训师要做到要“死”要“活”。要“死”是指企业很多的操作规程、规章制度、步骤要领都是有严格的逻辑顺序或技术要求的，有时候错一个小数点就有可能酿成大祸。在这方面内训师一定要严谨，不能随意更改课程内容，尤其是一些重要参数和细节，要死守内容的准确性、安全性和科学性，要对企业负责，对所讲授的内容负责。虽然课程内容是死的，无法随意更改，但内容怎么呈现出来，怎么让学员接受、快速理解，并能学以致用，这是老师要去思考的，这就是要“活”的体现。你会发现，老师在课前越是花时间和精力去琢磨该怎么呈现课程并设计教学活动，他上课的时候就越轻松，越能吸引和激发学员，也越能让学员产生共鸣。老师授课很轻松，因为都是在“折腾”学员，但课程的效果却挺好。基于目前企业的现状，对于课程的内容，企业可以大量供应，但是企业无法给你提供授课的素材和教学形式。例如，讲解某个机器的构造，你在PPT上全部堆满文字，然后对着PPT念，这是一种教学方法，可这样学员就很痛苦，就会走神、开小差，或者被催眠。你也可以放一张图片，然后对着图片让大家一起来分析机器的构造，这也是一种教学方法。显然，第二种方法会让学员参与度更高，大家也更容易记住这些部位，因为图片比文字更能让人产生记忆和联想。但如果公司没有提供这个图片，你得去哪里找？你可能得去车间拍张照片，这样上课就有素材了。所以，一个老师平时要花比较多的时间去搜集和整理自己授课的素材。

素材越多，上课就越游刃有余，就像一位维修工人，需要带着一个工具箱出去执行维修任务，工具箱的工具越齐全、规格越完善，他执行维修任务就越快速，满意度也就越高。所以，内训师要不断去完善自己的“工具箱”。

以上讲了授课技巧与课程开发之间的关系。所以我先出版了《成为明星讲师——TTT培训全案》一书，让大家先对培训技巧和授课方式有一个直观的认识，让大家知道什么是一个好课程。有了这样的认识之后，再来学习课程开发，你就会在开发完内容之后进行教学活动设计时，可以基于自己的所学，将课程按照心目中的呈现方式去做规划和安排，并且经过试讲和评估不断进行优化和改进。

有的读者可能会问：“老师，照你这么说，那内容是不是就不重要了？因为你一直在强调教学方式的设计。”我想说，内容其实很重要，特别是在现在企业越来越理性、内容为王的时代。但是你光有内容也不够，我们应该有印象，很多时候大学教授讲的课本知识可都是干货，但是却会出现台上讲得异彩纷呈、下面睡得死去活来的现象。特别是现在“90后”大量步入职场，慢慢成为职场的主力军，他们有主见、不惧权威、勇于表达自己的想法，更愿意通过自身的参与体验来解决问题，而不是被动倾听。因为很多时候，论讲授能力，很多“90后”的能力可能并不在台上的内训师之下，而且演绎能力也是超强的。所以，内训师更应该依据自身的经验，循循善诱，丝丝入扣地引导学员参与课程。

理清课程开发与授课技巧的关系之后，我们再来看看课程设计与开发的重要性。它对于企业和培训体系两大方面有着重要的作用，如表I所示。

表 1　课程设计与开发的重要作用

受益领域		作用
企业方面	企业	知识管理：好的课程对核心知识和关键技能进行挖掘、整理和沉淀，做到隐性经验显性化、显性经验机构化、结构经验传承化
	管理者	桥梁嫁接：使学员想学与管理者要求的内容做到有效衔接，并能符合组织的期待和发展需要
	员工	导航系统： 帮助学员成长，致力于员工能力的提升
培训体系方面	课程体系	学习路径：明确员工的成长路径，杜绝员工野蛮成长
	讲师队伍	弹药粮库：课程因讲师的传授和演绎而精彩，讲师因课程的生动和成熟而受益
	培训运营	计划指南：有效指导培训计划的制定，方便梳理和整合内外部资源

本书通过 7 讲对课程开发进行讲解，还是采用小说的形式，基于王振教许静的故事来展开。内容概要如下。

第一讲，导论：讲解课程设计与开发的一些原理性知识，同时告诉读者什么样的课程是企业需要的、是对学员有帮助的。

第二讲，聚焦学习需求：主要介绍一些需求分析的思路和方法，善用方法，明辨需求，有针对性地提供解决方案。

第三讲，建构课程内容：介绍如何制定课程目标，以及课程取名的几种常用方法，同时讲授如何使用一些常用的组建课程的逻辑框架。

第四讲，设计教学活动（上）：介绍设计教学活动需要知道的 7 个心理学效应，并介绍 ARCS 模型、心流等动机学的知识。

第五讲，设计教学活动（下）：讲解如何区分课程的关键内容，并学会用“引、讲、练、评”4 个步骤组织知识、技能、态度等内容的教学设计。

第六讲，开发教学课件：介绍 PPT 课件、讲师手册、学员手册、考试手册和案例手册 5 个课件资料包的制作思路和方法。

第七讲，验证评估课程：讲解课程验证评估的重要意义，以及课程验证评估的 3 个阶段，并提供表单作为辅助。

读者可以一边学习本书的内容，一边以一家企业需要开发的课程主题来练手，一步一步跟着操作，这样效果更佳。

希望本书能对你有所帮助。因编写比较仓促，可能有遗漏及错误之处，敬请见谅！

目 录

引言

故事背景及人物

王振（男，33岁）是得峰集团的培训经理，该公司的总部位于浙江宁波。王振在集团已经7年，在集团总部人力资源总监林涛（男，40岁）的提携和帮助下，他由实习生慢慢成长为一位可以独当一面的资深培训师，并主导公司管理类、技能类和通用类的培训，为集团源源不断输送人才。

在王振的专业和细心的指导下，他的下属许静（女，27岁）成长飞快，授课仅1年就被评为集团优秀内训师，这当然也是和许静持续不断的努力分不开的。

随着集团的持续发展和人员的持续增多，对课程质量和授课效果的要求也越来越高。为了让内训师的综合能力更强，让他们既能讲也能开发，王振决定给许静进行一次完整的课程设计与开发的辅导。本书的章节以王振辅导许静的思路展开，以课程设计与开发为主轴。让我们开始吧！

第一讲

导论

“恭喜你啊！许老师。”王振一边笑眯眯地说着，一边拿着刚打的盒饭坐在了许静的对面。

“哎呀，王经理，你就别拿我开涮了！别叫我许老师，叫我许静就好了。”许静一本正经地辩解着。

“哎，你刚刚说恭喜我，恭喜我什么啊？难道你要给我发红包吗？”许静似乎发现漏掉了什么内容，还没等王振开口，又马上追问。

“我觉得应该是你要给我发红包比较妥当吧，因为我带来的可是好消息哦！”王振继续卖着关子。

“啥好消息啊？快说，快说！”王振几句话把许静急得直接把筷子扔到一边，好奇地盯着王振，准备听他说的“好消息”。

王振喝了口紫菜蛋汤，咂咂嘴巴，这才开口：“这不，我今天上午去林总办公室汇报工作，看到他的桌子上摆着今年集团年度十佳内训师的评选结果，我偷偷瞄了一眼，看到了你的名字，排名还挺靠前呢。你说这是不是个好消息啊？是不是得给我发红包啊？”

“真的？”许静简直不敢相信自己的耳朵，“我成为‘十佳内训师’了？以前我看王经理年年得‘十佳内训师’，我可是非常羡慕啊，就盼着什么时候自己也能得一个‘十佳内训师’，没想到竟然真的实现了。哎呀，这种感觉实在是太好了！”说完，许静摆了个胜利的姿势。

“你看你，又开始嘚瑟了！”王振满脸微笑地“挖苦”道。

“你就让我嘚瑟一下呗，这一年我可真的很辛苦啊，很多时候为了准备一门课，我都放弃了休息和娱乐的时间，就是为了让课程能够更完美一些，真是累死‘娘娘’了。”许静开始卖起萌来。

王振又何尝不知道这其中的辛苦呢，想想自己这些年，不都这么过来的吗？“这个我深有体会，既然你选择做内训师，就选择了一条要比别人更辛苦、更花时间和精力的道路。当然，你的收获也是很大的。你能取得好成绩，我真心替你高兴啊！”王振朝许静竖了个大拇指。

“哎哟，你这话说得我都不好意思了！”许静故作娇羞状。

“能不能好好说话？再这样小船翻了哈。”王振也被许静逗乐了，“这样吧，提前庆祝你拿到十佳内训师的称号，晚上我请你吃饭吧。开发区这边刚开了一家新的火锅店，我请你吃火锅吧。”

“好呀，吃火锅不错，但还是我请你吧，王经理。没有你的教导，我也不会成长得这么快啊！”

“没事，下次有机会你来请。这次我请你有两个原因：第一是庆祝你获得十佳内训师的称号，这也算是对你辛勤付出的一个回报；第二，作为你的师傅，我教的徒弟成长那么快，我也很开心的，也是很有面子的。所以基于以上两个原因，这次就由我来做东吧。”王振真诚地望着许静。

“好吧，既然你那么真诚，我就给你次机会吧！”许静又开始没大没小了。

☞ 火锅店

“哎，你别说，王经理，这家新开的火锅店生意还挺好的哈！这人还挺多的。”许静一边吃着刚从鸳鸯锅里捞出来的金针菇，一边和王振有一句没一句地说着。

“对啊，听说他们的食材都是有机无污染的，羊肉是从青海那边空运过来的，蔬菜也是由有机蔬菜基地直供的。现在大家不都吃个健康嘛！只要食材能保证质量，价格贵点大家也还是愿意来消费的。你看对面那家火锅店一半的位置都没人坐啊，这两家店的差距还是挺大的。”王振当起了解说员。

许静听了王振的讲解，若有所思：“这就让我想到了我们集团的内训师，有些内训师的课很多，分公司有什么课题，一般都会先问这些内训师会不会讲；他们不会讲的，才去找别人。也就是说，这些内训师的授课水平和质量已经被大家公认是好的了，所以他们一不小心成了‘头牌’，每年的课时数很多。而更多的内训师一年可能就寥寥几次课，人家有课需要讲时一般也不会想到他们。所以我认为在这个商业社会里，大家可能更多做的是‘锦上添花’的事情，而很少做‘雪中送炭’的事情。也就是说，你做得好，大家就都找你做，而做得差呢，那就没人找你做，不管你的价格多低。”

“你的见解挺独到的嘛！”王振毫不吝啬对许静的夸奖。

“那是，也不看是谁教的啊！”许静又开始“狂妄”起来。

“话说回来，你现在作为一名内训师，登台授课、表达等，发挥基本都已经比较稳定了，也能够做到把话讲清楚、让学员听明白了，已经能较好地胜任内训师这个工作了。不知道你以后有什么学习成长规划？”王振给许静抛了一个问题。

王振的这个问题问得突然。许静沉思了一会儿，说：“我现在虽然取得了一点点成绩，但是我知道自己还是有很多欠缺的，相当于只是一只脚迈进了内训师这个领域。这一年我也看了很多书，自己看得越多，就越感觉自己懂得少，就越有危机感、越忐忑，越怕在课上 hold 不住学员。还好，这一年就这么磕磕碰碰过来了。你刚刚问我有什么成长规划，我也一直在思考这个问题。我隐隐觉得，这一年我讲的课程更多是以前的资深内训师开发的，我只是基于这些做了修改和优化，再去传授，所以我在想，我是不是有必要学习一下课程设计与开发的内容，这样我就可以基于企业和员工的需要去开发课程，从只会讲课，到既能开发课程、还能把自己开发的课程讲出来。这样综合能力就更强了。我不知道我说得对不对？”

“一般来说，课程开发与设计的能力是内训师需要掌握的技能，而且一般在教完授课技巧之后，就像你目前这个状况，会讲课了，也知道什么样的上课方式是学员喜欢的，什么样的授课方式能吸引学员参与。因而你在课程开发的时候就有这样一幅画面、一个场景，你按照这个目标去设计课程，就会自然而然嵌入丰富的教学形式，避免单向传输、枯燥乏味。所以，你说的差不多是成立的，你目前也差不多已经有能力来接受课程设计与开发的内容了。只是我不知道你自己有没有做好准备。”王振征询许静的意见。

许静斩钉截铁地说："我已经准备好了，只要王经理肯教，我一定不会偷懒的，一定用心学。我和你干了这杯水，以显示我的诚意。"许静不由分说拿起手边的茶水，要和王振一饮为尽。

"好吧。我信，我信！"王振被许静的这些举动整得无语了。

"那啥时候开始啊？"一看到有机会学习新东西，许静就两眼发光，把王振看得发毛。

"就最近吧，我准备好后会通知你的，姑娘莫急！"

"臣妾做不到啊！我就想快点学习呀！"许静又开始搞怪了。

☞ 会议室

"虽然还是坐在这个教室给你传授知识，但是这一次和一年前的场景已经完全不一样了。如果说一年前还可以用'菜鸟'来形容你的话，现在完全可以用'老手'来形容你了，因为你已经成长了很多，而且成长得很快。同时，因为你身上有很好的讲师特质，很有弹性，你在课堂上某些方面的表现甚至都已经在我之上了，所以给你这样一位专家讲课，你应该知道我也是挺忐忑的。"王振把他内心的真实想法告诉了许静。

许静显然不认同王振的说法，使劲地摇着头和手："没想到你在一开始还先给我来了个下马威，真有你的，师父。你别看我平时大大咧咧、没心没肺的，但是关于学习方面，我是要保持空杯心态的，我是真心希望能向王经理学习的，也谢谢你把自己的真实想法告诉我。我向你学习是为了更好地为集团服务，而不是为了在你面前班门弄斧哦，所以请你放心，我会摆正心态的。"

"好的，我确实看到你的好学和上进，所以我才愿意无私地教授你嘛，只有学员有意愿学习，才能激发出老师教授更多内容的热情。”王振边说边从桌上的文件袋里抽出一份资料，并递给许静，“来，首先让你了解一下课程开发需要一位内训师具备哪些素质。”

许静拿过资料一看，上面列出了作为课程开发师的几项要求，如表1-1所示。

表 1-1 课程开发师的要求

课程开发师的工作要求	
课程开发师的工作要求	1. 良好的系统思考习惯和严谨的逻辑思维能力
	2. 强大的资料搜集能力，能找到别人找不到的资料
	3. 充满热情，对新事物有强烈的好奇心和求知欲
	4. 较强的引导能力，对课程开发的思路和方法论了然于胸
	5. 强大的素材整合能力和较深厚的文字功底
	6. 高超的访谈技能，能与各层次员工融洽沟通并获得信息
	7. 对成人的学习理念、教学方法有基本的认知
	8. 对应领域有扎实的知识储备，专业技能过硬，有实践经验
	9. 有团队合作精神，愿意服从小组的安排和协调
	10. 有较强的时间管理能力，能按时按量完成开发工作

“其他几项我觉得问题不大，就是第9项‘团队合作’，我有点疑问，课程开发和团队合作有什么关系？”许静问道。

“是这样的，现在课程开发非常注重内容的实用性，希望能基于公司的实际去开发课程，所开发的课程是这个岗位的最佳实践，即做得最好的步骤或流程、技巧。这样，再把这些内容传授给新人或者非资深员工时，他们就能学以致用，成长就会更快。所以在开发课程的时候，我们就要找到这个岗位或者某个任务方面的专家，大家组成一个3～5人的课程开发小组，一起头脑风暴，群策群力，组织访谈，把这些专家做某事的成功经验总结出来，作为素材去编辑成课程内容，这样就把这些专家的隐性经验显性化了；再把它们按照一定的逻辑结构和一定的方法论编成课程，就变成了显性经验结构化；再传授给新人，就做到了显性经验传承化。这样不仅帮助企业实现了知识管理，而且还实现了人才的快速复制和培养。所以基于这样的原因，我们需要用团队协作的方式来开发课程，而不是由专家单枪匹马来开发课程，因为人多力量大，课程的质量也能得到保证。”王振耐心地给许静做解答。

“你这么说，我就有印象了。我有几次经过我们大培训教室的时候，确实看到一些专家分组坐在那里，进行着激烈的讨论；而我们的资深内训师，就在台上引导他们一步一步该怎么做。我当时还很诧异，心想：上什么课需要找这么多专家啊？现在才知道，原来是在做课程开发啊。”许静若有所思。

“是的，这样做是最经济的，几组专家在一起，花上几天时间，就能够开发出好几门高质量的课程，我们集团的很多经典课程都是用这样的方式开发出来的，所以专家对于课程开发来说是非常重要的。”

“你这样说，对于第9点我就明白了。”许静点点头，表示理解了，“不过，课程开发师确实不好做，要求挺高的，我感觉比授课难多了。”许静嘟嘟嘴。

“怎么，这还没开始学，就有畏难情绪了？这可不像你哦。”王振打趣道。

“开玩笑，我会怕难？”许静捋捋袖子，表示不同意，“再大的骨头我都会花时间把它啃掉的。嘿嘿，咱智商不高，那就多花点时间呗。”许静自我解嘲。

“好，既然你这么有信心，我就放心了。我们继续。”王振说着打开了电脑，上面出现了关于课程设计与开发的“6个强调”（表1-2）。

表 1-2 课程设计与开发的 6 个强调

课程设计与开发的6个强调	
课程设计与开发的6个强调	1. 强调针对性和实用性
	2. 强调系统性和逻辑性
	3. 强调目标和重点
	4. 强调体验和参与
	5. 强调生动和形象
	6. 强调准确和精炼

“接下来，我就给你简单讲解一下这‘6 个强调’，这对你认识课程的设计与开发会有很大帮助。”王振边说边看许静，而许静则在专心做着笔记。

“第一点是强调针对和实用。许静，我问你，你觉得公司开发什么样的课程对学员的帮助最大？“

许静思考了 2 秒，缓缓地说道：“你问这个问题，让我想到了大学时代，我发现我在大学学习的课程，差不多还没毕业就已经过时了一半，同时进入企业之后，发现好像都用不上了，然后很多都要重新开始学，甚至像最基础的 Office 办公软件的使用都要学习。所以我在想，最大的问题是大学所教的与我们实际所做的脱节了，因此没法实现学以致用。因此，如果你想要课程有效的话，最好是与学员每天所做的事情相关，那帮助应该就会大些。”

“是的，你的回答很到位，同时还运用了举例子的方法，非常好。”

虽然许静知道这是内训师的赞美技巧，自己平时也在用，但是真正发生在自己身上的时候还是挺开心的。

“确实，我国的教育与岗位实践结合的紧密度是稍微差些，结果导致很多本科生虽然大学毕业了，可能还没有一个专科毕业、学汽修专业的学生工资高、经验丰富。因为专科生 3 年以来学的都是怎么修汽车，在学习过程中已经发现和解决了很多问题，具备了一定的汽车检修和维护的能力，这样，毕业之后他就可以直接去汽车4S店上班或自己开汽修店了。因为他所学的与岗位任务是完全吻合的。所以我们要想让课程有针对性和实用性，就得让课程与岗位任务结合，要么帮助员工学会某个岗位的操作流程，或者帮助员工解决某个任务上的工作难点，或者学习在这个任务上做得好的标杆学员的成功经验。”

“这样的课程可能开发起来会比较费力，但是效果应该是挺好的。”许静接着王振的话说。

“是的，你说得没错。我给你看个例子。”说着王振给许静打开了一页PPT，上面出现了两个课程的目录大纲（表1-3），“你看看，这两个课程，你觉得哪个对学员的帮助会更大些？哪个课程的含金量会更高些？”

表1-3　沟通课程的两种设计思路

序号	目标	内容	培训方式	考核方式
1	• 了解沟通原理 • 系统掌握沟通知识	• 沟通的重要性 • 沟通的原理 • 沟通的三要素 • 常见的沟通方式 • 沟通故事分享	以讲授为主	以纸笔测验为主，测试理论的记忆程度
2	• 能够根据不同场景灵活选择沟通方式 • 能够根据不同对象选择对应的沟通方式，并取得预期成果	• 常见的与上级沟通场景的学习及演练 • 常见的与同级沟通场景的学习及演练 • 常见的与下属沟通场景的学习及演练 • 常见的与外部客户沟通场景的学习及演练	讲授、演示与模拟演练	以模拟练习为主，重点在于检测沟通技巧的应用程度

“我觉得应该是第二个，因为第一个学完之后，虽然看起来知识点很全面，但是有一个致命的缺点，那就是脱离岗位实际；我可能学得很好，考试也拿了高分，但是我面对上级汇报工作的时候还是讲不好，因为知道是知道，但是从知道到做到还是有很大的鸿沟的。而第二个呢，虽然看起来课程的结构好像并不完整，但是却几乎包含了职场上比较典型的四类沟通人群，再基于这个来区分每类人群的典型沟通场景；老师讲解和演示方法，让学员马上参与实践和演练，这样就和岗位任务结合得比较紧密了，让学员学习后的技能迁移没有那么困难，因为学员把错误犯在课堂里了。回到岗位之后，学员也会试着去使用，而一旦使用，学员就会受益，就能慢慢成长和进步。”许静一口气给出了答案和理由。

她的回答如此专业和到位，这让王振大为吃惊，他也感受到了许静这一段时间坚持不懈的学习和钻研带来的专业上的提升。“这姑娘潜力很大啊！”王振暗自思索着。

“我是不是说错了？王经理，我好像看到你质疑的眼神了。”不等王振多想，许静一个问题已经抛过来了。

“没有，你说得挺好的，我只是惊讶于你的成长之快速。哈哈！”王振发出了爽朗的笑声。

“来，继续吧。接下来我讲讲第二个‘强调’。课程设计与开发强调系统性和逻辑性。一般来说，基于任务设计的单一课程能促进学员的成长，但与系统课程比起来，效果就会偏弱一些，因为系统课程是基于某个关键岗位的职责和工作任务而设计开发的一系列课程，强调岗位职责和任务的相对穷尽。基于此，就可以设计出目前比较流行的学习路径图，可以加快员工的培养速度，提升培养的质量。要设计课程体系，就要用到 DACUM

工作任务分析法，它起源于北美地区，目前在包括德国、美国、日本等很多国家的政府部门和现代职业技校得到了广泛的运用。”王振看了一眼许静，继续说道，“DACUM工作任务分析法有三个假设前提：一是与普通员工相比，优秀员工能够更加准确地描述并界定工作岗位所包含的职责及其对应的工作任务；二是界定某个工作岗位的最有效方法是准确地描述优秀员工所操作的工作任务；三是为了能够准确无误地操作，所有任务都需要用到一定的知识技能、工具及行为标准。基于这样的理念，我们组织一定数量的专家，经过2～3天的时间就能最终产出一张基于某岗位的任务分析表（表1-4），而这个表格就是组织课程体系开发的基础。”

表1-4　某岗位的任务分析样表（节选）

岗位职责	工作任务							
1.建立培训管理制度	1.1编写培训管理程序	1.2编写各类管理规定	1.3设计各类表单	1.4安排签批各项程序、规定、表单				
2.调研培训需求	2.1拟定需求调研计划	2.2确定调研方法	2.3设计解决方案	2.4进行调研准备	2.5组织实施调研计划	2.6分析调研信息	2.7组织输出调研报告	
3.制定年度培训计划	3.1参与人才培养战略的制订	3.2分析培训需求优先级及可行性	3.3设计解决方案	3.4制订年度培训计划	3.5报批年度培训计划	3.6发布年度培训计划		
4.参与课程体系建设	4.1了解岗位序列能力要求	4.2参与课程清单设计	4.3盘点现有课程资源	4.4评估课程优先级及可行性	4.5组织课程开发	4.6组织课程评审	4.7发布终审课程	4.8组织课程持续优化
5.建立内部讲师体系	5.1维护讲师管理制度	5.2规划讲师管理方案	5.3担任讲师、评审、评委	5.4培养讲师队伍				

许静瞪大眼睛，使劲儿听着，生怕漏掉了什么重要信息。

“因为这个内容相对比较专业，同时内容也比较多，下次有机会我再单独教你，这次只是给你提一下，让你先有个概念。”

许静做了个 OK 的手势，表示同意和接受。

“第三点是强调目标和重点，这点和第一点比较类似，就是让课程能够聚焦于解决某个问题，或完成某个任务，或者传授某个知识点。总之，课题要尽量小，小才能聚焦，才能说清楚，才能解决；太大的问题没法解决，很容易说不清楚，因为外延太大了。这里我就不赘述了。”

“第四点是要强调体验和参与。关于这方面你应该有很多心得吧？许静。”王振冷不丁给许静抛了个问题。

“心得谈不上啦，就是会经常这么去做。因为之前你教的嘛，说给学员上课，要尽量调动学员的积极性，让学员参与课程，和学员一起解决问题。这个过程的时间虽然会比老师单纯讲授长一些，但是效果却会好一些，学员也能对所学理解得更深刻。”

“是的，你说的符合成人授课规律。这里我要给你一个新的概念，那就是库伯教授提出的‘学习体验圈’（图 1-1）。库伯教授是当代杰出的体验学习专家（图 1-2）。他在其代表作《体验学习——让体验成为学习和发展的源泉》这本书中提出了闻名世界的‘学习体验圈’，被世界各地广泛使用。库伯反复引用皮亚杰的认知发生论，强调智力是在经验中形成的，个体的知识源于感官的体验。如果能够通过教学或情境设计，把学习者导入学习的某个场景中，让他们能够身临其境地体验学习，比如用手触摸，用眼辨察，用耳倾听，用脑深思，那么将会产生更具体、更明确的感动和体验，学习的领悟也就更深。也就是说，学习不能没有体验，无体验之学习就如同无水源的池塘。”

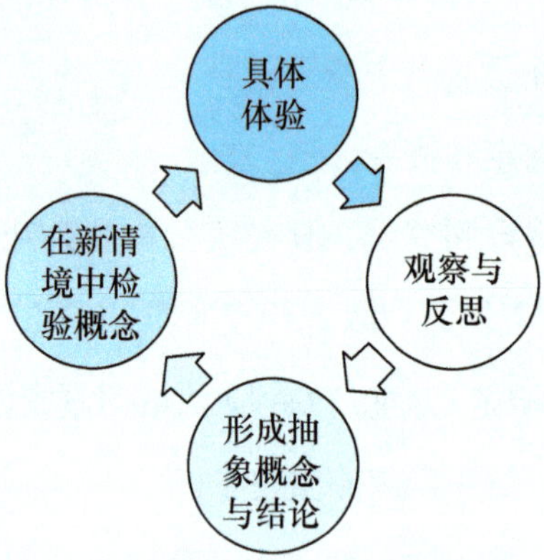

图 1-1　库伯“学习体验圈”

图 1-2　大卫·库伯（David A.Kolb）

“确实，体验蛮重要的。想一想，你教我的时候也有很多让我实际演练、体验的环节，这样我的成长才会那么快。”许静附和道。

“我给你举个例子吧，你的拿手菜是什么？”

“我擅长番茄炒蛋，嘿嘿。”许静一说到吃就莫名兴奋。

“你回想一下，当时你是怎么学会番茄炒蛋这个菜的？是不是除了看菜谱，你还得做点别的啊？”

“我还得进厨房实操。”许静说。

“是的，当你在厨房按照菜谱的步骤一步步去做的时候，你就有了具体的体验，第一步也就实现了。当你把菜炒完装盘之后，你尝了一口：妈呀！怎么这么咸？”王振做了一个夸张的动作，把许静给逗乐了，“于是，你就反思，是不是加盐的时候一次性加得太多了，或者没有把盐拌匀，导致有的地方很咸、有的地方很淡。于是你就得出一个结论，下次炒菜的时候要一点一点地加盐，加完之后再尝尝，味道不够就再加。下次你再炒菜的时候，这个经验就派上用场了。当一个菜炒完之后，你又有了一个具体的体验，又带来新的反思。如此循环反复，不断提升，你的菜也就越做越好吃，最后就成了你的拿手菜了。这就是‘学习体验圈’的魅力所在。”

“你之前对我讲到开发课程需要专家团队一起开发，我想这用‘学习体验圈’也是可以解释的。”许静试着对这个知识点做举一反三的理解，以验证自己到底有没有听懂，“可以说专家都是在某个岗位或某些任务上的牛人。他们对这些工作是有具体体验的，是有经验的。于是请他们过来对自我进行剖析：我是怎样一步一步成为专家的，另外，新人在这个过程中会遇到哪些困难和挑战点。反思之后，就把他们的经验变成一些观点、方法、结论、步骤或者一些抽象的概念。再把这些内容编成课程教给新人，他们就能去实践这些概念和方法，从而产生属于自己的具体体验。你看我说得对吧，王经理？”

“对的，是这个意思。所以在课堂上老师要多创造一些场景让学员去体验。每个学员个体是不一样的，老师无法代替学员去体验，一定要让学员自己去体验；而且每位学员体验之后的反思也是不一样的，反思不一样，后面得出的结论也不一样。所以你会发现，注重学员的体验，可以让学员个体保持自己的学习进度，并收获当下自己认为最重要的知识。这应该属于最高明的教学手法了吧？”

“是呀，太神奇了，原来上课还可以这么玩！”许静忍不住发出了一声惊叹。

“体验学习还有6个特征，我给你简单讲一下，你有个概念就行了。”王振说着翻开了下一页PPT，“第一点，体验学习是一个过程，而不是结果。过程好了，结果是有保证的。第二点，体验学习是以体验为基础的持续过程。每经过一个学习体验圈的循环，参与者个体就会对这件事情有更深的体会和认识。第三点，体验学习是运用辩证方法不断解决冲突的过程。因为学员在这个过程中既要体验，也要观察反思，既要经历具体的体验，也要能把它实现抽象和概括化。第四点，体验学习是一个适应世界的完整过程。体验学习可以无处不在，它的普世性很高。第五点，体验学习是个体与环境之间连续不断交互作用的过程。传统学习强调学员与课本之间的关系，而体验学习强调学员与环境之间的关联和交互作用。第六点，体验学习是一个创造知识的过程。个体经过体验，随着主观经验不断积累，就为创造知识打下了基础。”

“原来它还有这么多神奇的功效啊，难怪那么多人使用它呢。”

“是的，‘学习体验圈’是个宝贝呢！好，接下来我给你讲讲第五个‘强调’——要强调生动和形象。我问你，你觉得现在的课堂是折磨学员好还是折磨老师比较好？”

“应该是折磨学员吧，因为你刚刚讲到了体验学习，就是让学员参与体验并获得认知，所以应该是折磨学员。”

“我给你看个表。”王振打开一页 PPT，如表 1-5 所示。

表 1-5　折磨老师和折磨学员的区别

学习方式	学员行为	讲师行为	时间分配
折磨老师	被动倾听	讲解	70%～80%
	被动倾听	演示+示范	10%左右
	被动倾听	确认学员是否掌握+补充讲解	10%～20%

（续表）

学习方式	学员行为	讲师行为	时间分配
折磨学员	被动倾听	理论讲解	0%～20%
	主动练习	练习实践	30%～70%
	纠偏解惑	点评辅导	10%～30%
	学以致用	持续跟进	需课后安排时间

“王经理，‘折磨学员’中的理论讲解为什么还有‘0’？是不是就不讲理论知识了？请问学员怎么学习理论知识？”许静不解地问。

“这个问题问得非常好，说明你看得很细。这就要用到我们目前比较流行的一种学习方法——‘翻转课堂’。什么意思呢？就是老师在上课前把一些应知应会的基础知识点以文字或视频、电子文档等形式发给学员，让学员自己在课前学习，而正式上课的时候，老师就不讲这些基础知识了，直接开始演练和练习，或者直接开始答疑解惑，这样就可以节省集中授课的时间，用最少的时间解决最关键的问题。”

“哦，原来是这样啊，那我就懂了。谢谢王经理。”许静调皮地向王振作了个揖。

王振笑了笑：“所以，要折磨学员，就要在课堂上多加一些环节，让学员自己去探索，老师给予引导、点评。这样的课程，效果自然也会好。”

王振抬手看了看表：“时间也不早了，待会儿该吃饭了。来，我给你讲最后一点吧，就是要强调准确和精练。无论是我们从专家身上萃取的经验，还是我们自己去企业的资料库找到的资料，这些资料都是散乱的、无序的。我们要依据一定的逻辑结构搭建这些内容，同时还要对内容做精炼，这样才方便学员记忆，老师授课也相对比较容易。关于如何做精炼和组织，在后面讲到建构课程内容的时候我会给你重点讲解。这里我就不多讲了，怕讲多了你消化不了。”

“嗯，确实，今天学到了很多东西，也听到了很多新名词，我回去得好好消化一下。”许静夸张地摸了摸肚子，“说到消化，我还真饿了啊。王经理，走，咱吃饭去吧，今天我请客，食堂的菜你任意选。”许静做了个“土豪”的动作。

“呦，你真‘大方’！那就走吧。”

第二讲

聚焦学习需求

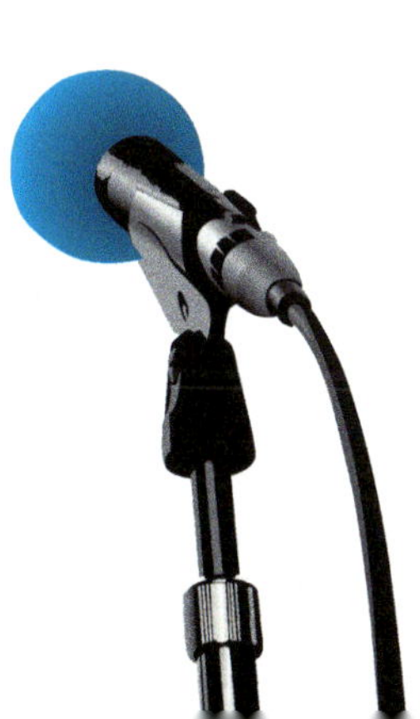

“早啊！王经理。”许静一边走进小会议室，一边向王振问好。

“早，许静。今天你看起来心情不错嘛。”王振回应道。

“那是，只要有学习的机会，我开心得不要不要的。”许静夸张地模仿了一个孙俪的动作。

“小样，你还挺潮的嘛。”王振“挖苦”道。

“嘿嘿，多谢夸奖！话说，王经理，今天我们讲点啥？”

“从今天开始，我们就进入了正式的课程设计与开发的讲授环节了。我会花6节课的时间给你讲授课程开发的5个步骤。第一节课是聚焦学习需求，在这节课中我会教你一些了解学习需求的方法，以及如何收集需求、分析数据等。第二节课讲解建构教学内容；当你做好了需求分析之后，你要去确定课程的学习目标，以及给课程取一个有趣、有料的名字，最重要的是依据一定的逻辑结构搭建课程的整体框架。第三节课讲解设计教学活动的上半部分，主要是关于教学活动设计的原理以及心理学等内容，让你了解教学活动设计的理论依据是什么。第四节课讲解设计教学活动的下半部分，主要讲教学活动设计的方法，以及如何通过教学活动生动地呈现不同的内容。第五节课讲授如何开发教学课件，教你怎么使用 Office 软件制作精美的 PPT，以及如何制作讲师手册、学员手册、考试手册等。最后一节课讲解验证评估课程；课程开发出来之后要进行验证评估，因为只有经过考验的课程才是真正对学员有帮助的课程，同时也通过验证评估去粗取精，让课程成为精品。”王振一口气向许静介绍了未来的学习计划。

“哇，光听流程就觉得这次学习又将是收获满满，我都等不及了，想一口气全部听完。唉，我怎么这么好学呀？真是没办法啊。”

“能不能不要自恋啊？真是没办法。”王振表示很无奈，“来，我们首先来讲第一个模块的内容吧，就是聚焦学习需求。问你，为什么要把聚焦学习需求放在第一个讲啊？”

“现在大家平时都挺忙的，要办一场面授的课程，把大家凑在一起真是挺不容易的。而且我们一般讲课都是用半天时间，所以要把这半天时间最大化地利用起来，产生价值就很重要。所以我在想，基于这个原因，应该要在上课前先了解大家的需求，以终为始，以满足和解决大家的需求作为出发点来讲课，这样的效果应该最好。所以，应该把聚焦学习需求放在第一个模块。不知道我说得对不对？”许静向王振确认。

“我给你打个比方吧。有一天我去医院看病，告诉医生我嗓子疼，不舒服。这时候医生一般会怎么做？”

“医生一般会问你一些问题，或者检查你的喉咙吧。”许静答道。

“是的，医生一般不会说：‘嗓子疼，是吧？这个药拿去吃就可以了。’请问这样的医生开的药你敢吃吗？”

“我不敢，医生都没了解清楚我的症状，凭什么就开药给我啊？”许静表示不服气。

“对呀，所以医生会像你说的那样问一些问题或采取一些措施来确诊。这时医生所做的事情就是需求分析，目的在于通过症状确定病因，以便对症下药，从而能达到药到病除的效果。”

“通过你的这个比喻，我对学习需求分析的理解就更深了。”许静微笑着说。

“那就好。关于学习需求分析，我们主要讲解以下内容。”王振边说边打开了一页 PPT，上面的表格显示了聚焦学习需求的一些内容要点，如表 2-1 所示。

表 2-1　聚焦学习需求的内容

<table>
<tr><th colspan="2">聚焦学习需求</th></tr>
<tr><th>主内容</th><th>子内容</th></tr>
<tr><td rowspan="3">需求来源</td><td>三大导向</td></tr>
<tr><td>数据收集</td></tr>
<tr><td>数据分析</td></tr>
<tr><td rowspan="3">人员分析</td><td>四型学员</td></tr>
<tr><td>职位层次</td></tr>
<tr><td>学员分类</td></tr>
<tr><td rowspan="2">环境分析</td><td>实施环境</td></tr>
<tr><td>转化环境</td></tr>
</table>

"首先我们来看需求来源的三大导向。三大导向是指学习的需求一般来自三个方面。第一个方面来自战略导向，就是公司因为战略意图的改变、业务策略重心的偏移、文化因素或重点目标的改变等带来的培训和学习的需求。我举个例子，我们集团这几年在谋求从传统百货向购物中心的转变，这是公司的战略级问题，也是未来几年的重点工作，因为购物中心才是未来消费的主流模式，所以我们培训部就应该对应公司的改变，积极寻求关于购物中心转型的相关培训，并协助集团做好关键人才的储备和培养工作，这样才能从本质上满足战略导向的需求，才能说培训部门的工作是有价值的。"

"难怪今年以来我们针对购物中心及专业知识的培训和考核如此之多，原来这是公司大战略的方向啊！"许静恍然大悟。

"是的，我再给你举个例子。有些企业每年的重点目标都不一样，比如今年是'质量年'，那就代表会特别重视质量，会加强关于质量的学习和检验，让企业的质量达到一定的水准，并能够持续稳定。然后明年就变成'服务年'，强调销售一线对客户的服务意识，强调公司内容各上下游部门之间的服务意识，强调间接部门对直接部门的服务意识。大后年就变成'成本年'，强调降低成本，强调'从我做起'，帮助企业节省每一份资源，等等。所以你会发现，每年的目标不一样，学习和培训的内容也是不一样的。"

"嗯，紧盯公司战略和年度大目标总是没有错的。"许静表示认可。

"来，看份资料吧，这是 3 种战略导向的需求调研方法。"王振递给许静一份打印材料（表 2-2）。

表 2-2　战略导向的需求调研方法

方法	含义	具体内容
战略分析法	这种方法是指通过参与战略会议，以明确企业的发展战略为基础，通过一定的分析方法来确定企业的培训需求、相应的培训资料、培训周期、涉及的人员等信息	在战略会议上，通过PEST模型的宏观分析、SWOT的内外部分析及平衡计分卡的分析，确定企业的愿景及3～5年发展方向，并基于此设定企业年度工作重点、年度工作目标等内容。依据发展方向及年度工作目标等确定企业的培训需求，进而形成培训地图
焦点座谈会	通过召开专题会议的形式了解企业的培训需求	确保参与座谈会人员结构的丰富性，选取各层级、各岗位的员工代表参加，将能更全面地收集企业培训的信息。同时对会议的主持有很高的要求，需要极强的控场及引导能力，否则很容易让座谈会变成“一言堂”或“茶话会”
资料阅读法	通过阅读企业现有资料来了解企业培训需求	充分利用企业的电子档资料或文字资料，如岗位说明书、组织结构、业务流程、各种规章制度等。此外还包括历年的总结材料、员工汇报材料、内外部的经验分享材料、企业文化活动等相关材料。确保资料收集的最大化，以及信息呈现的逻辑性、规范性，这样的培训需求才是比较科学的

“看来，要了解战略导向的培训需求，还得参加集团的战略会议或高管会议啊。”许静一边看资料一边说。

“这个很重要，培训工作一定不能偏离公司的战略。所以很多时候林总在参加高管会议时，都会让我在后面旁听，这样对于了解企业的战略走向是很有帮助的。”王振解释道。

“好。接下来，第二个导向是问题导向，就是有问题了，我们去解决问题。这个也是企业经常发生的培训需求，因为问题总是层出不穷。举个例子，比如说我们的某个门店搞了一次年中促销，但是对业绩的贡献不大，这就是个问题。我们就要去分析问题，找到其根本原因，然后去解决它。”王振喝了口水，继续说道，“但是这个分析问题很重要，也很关键，如果你没有找到根本原因就去贸然培训，就会发现花了时间、花了钱，培训完之后，问题还是存在，所以找到根本原因很重要。因为你会发现，有些原因是通过培训能解决的，而有些原因是培训没法解决的。”说完，王振从桌子上拿起一部手机，“我来给你举个手机的例子。以前我们碰到过这么一个案例，说有一个销售手机的连锁品牌，其他的连锁店业绩都还不错，但是唯独有一家门店的手机销量一般，于是他们就给这个门店的导购和店长进行销售培训。但是培训完之后业绩还是没有提升，于是他们就请专业的咨询机构做调研。调研出来的结果真是令人啼笑皆非。”王振故意卖了个关子，讲到关键之处停下来看着许静。

“你快说呀，王经理。结果是啥啊？”许静的急性子又开始发作了。

“结果是他们门店对导购有个考核指标，叫‘手机出库成交率’，也就是说导购每次从仓库拿出一个真机，就要确保成交，如果你拿出来 10 次只成交了 1 次，成交率太低了，你就要被扣绩效。请问在这种情况下，导购会怎么做？”

“我想他不会轻易去仓库拿真机吧。他宁愿不给客户看手机，也不想被扣钱吧。”

“对啊，所以就很有意思了。导购就会一直问客户：‘你确定我拿了真机给你看了之后，你就会买吗？’那客户是不是很崩溃啊？客户说：‘我没看过我怎么知道啊，而且买不买我现在也不好说啊。’导购就追着说：‘你一定要确定啊，你不确定我就不给你看真机啊。’最后顾客急了，拗不过导购，只好走了。所以你看，这个案例是因为考核指标设计得不合理，导致导购没把手机卖出去。在这种情况下，即使你做了培训，效果也是不好的。”

“还真是，找不到根本原因，培训也是竹篮打水一场空呢。那有什么方法能帮助我们找到根本问题呢？王经理。”

“有的，我给你介绍3种方法，分别是5W原因分析法、鱼骨图分析法和问题树分析法。”王振离开位置走到白板边，写下了“5W原因分析法”这几个字，然后说道，“5W原因分析法，简单地说，就是连续问‘为什么（Why）’，直到找到真正的原因。所谓真正的原因，就是发生源，只有对发生源采取有效对策，才能使问题得到有效解决，并防止此类问题再发生。我再给你举两个例子，你就明白了。第一个例子，你在某工厂车间的地板上发现有一摊机油，于是就问为什么会有机油？原来是机器漏油了。为什么机器会漏油呢？因为机器的衬垫磨损了。为什么机器的衬垫还不到更换期就磨损了？因为买的机器衬垫质地不佳。为什么衬垫质地不佳呢？因为这些机器衬垫是便宜货。那为什么要采购便宜货呢？因为企业以节省短期成本作为采购部门的绩效评估标准。所以，通过连问几个‘为什么’就找到了问题发生源；更改采购部门的绩效评估标准，就能解决这个问题。”

“这有点福尔摩斯的味道。”许静开心地说道。

“嗯，就是要层层深入，找到根本原因。再举个例子，美国华盛顿广场有一座宏伟的建筑，就是杰弗逊纪念馆大厦。这座大厦历经风雨沧桑，年久失修，表面斑驳陈旧。政府非常担心，于是派专家调查原因。调查的最初结果认为侵蚀建筑物的是酸雨；但后来的研究表明，酸雨不至于造成那么大的危害。最后才发现原来是冲洗墙壁所含的清洁剂对建筑物有强烈的腐蚀作用，而该大厦墙壁每日被冲洗的次数大大多于其他建筑，因此腐蚀就比较严重。问题是为什么要每天清洗呢？因为大厦被大量的鸟粪弄得很脏。为什么大厦上有那么多鸟粪？因为大厦周围聚集了很多燕子。为什么燕子专爱聚集在这里？因为建筑物上有燕子爱吃的蜘蛛。为什么这里的蜘蛛特别多？因为墙上有蜘蛛最喜欢吃的飞虫。为什么这里的飞虫这么多？因为飞虫在这里繁殖得特别快。为什么飞虫在这里繁殖得特别快？因为这里的温度最适宜飞虫繁殖。为什么这里的温度最适宜飞虫繁殖？因为强光从窗户照射进来，使温度升高，形成了独特的刺激，致使飞虫繁殖加快，因而有大量的飞虫聚集在此，以超常的速度繁殖，这就给蜘蛛提供了丰盛的大餐，蜘蛛超常的聚集又吸引了成群结队的燕子流连忘返。燕子吃饱了，自然就地方便，给大厦留下了大量粪便……因此，解决问题的最终方法是拉上窗帘。采用这种方法后，杰弗逊大厦至今完好。”

“哎呀，这个更神奇了，如果不去这么层层分析的话，谁能想到一座斑驳陈旧的大厦竟然是因为没有拉窗帘造成的。”许静惊叹道。

“是啊，没有分析就没有发言权嘛。”王振表示同意，“接着我给你介绍第二种方法，叫鱼骨图分析法。鱼骨图法就是将造成某项结果的众多原因以图解的方式进行呈现，用以理清潜在原因之间的关系，以及潜在原因与结果之间的关系。因为图的形状很像鱼骨，所以叫‘鱼骨图’。有个例子是某咖啡连锁店来分析为何咖啡续杯会经常出错这样一个问题。他们从人员、环境、方法和‘其他’这 4 个方面做了分析，得出一些结论，可以为后续操作提供一些指南（图 2-1）。”

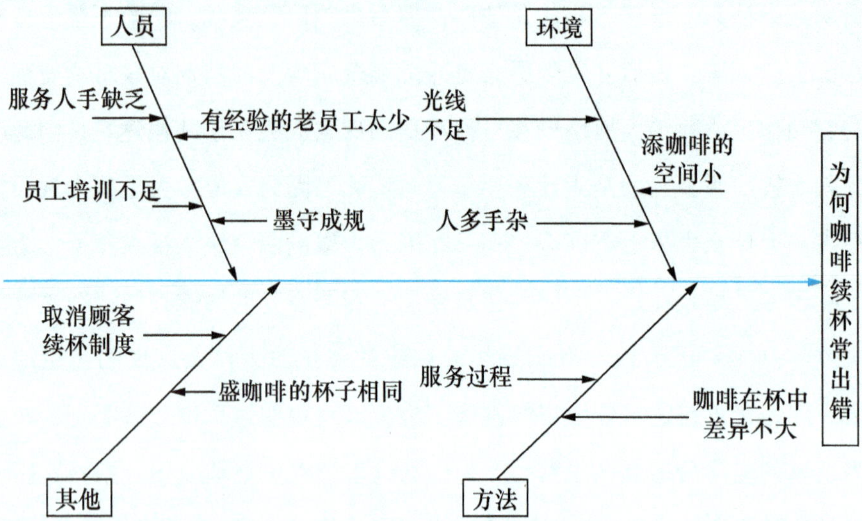

图 2-1　某咖啡连锁店的鱼骨图分析图

“嗯，这种分析方法看上去好像不容易有遗漏，能够找到问题产生的根本原因。”许静看着鱼骨分析图说道。

“来，我再给你讲讲第三种方法，叫决策树分析法。决策树法是指把一个大问题细分成不同组成部分的问题来解决，通过层层分析可以找到问题的多种原因。决策树分析法分为横向决策树和纵向决策树两种，我这里给你看的这个例子是横向决策树的例子。这是某公司试片麻坑厚度超差龟裂这样一个问题，经过层层分析得出了 20 多个原因。”王振说着翻到了下一页 PPT（图 2-2）。

许静看了一会儿 PPT，然后说道：“这个看着好像和鱼骨图的分析思路类似，都是由问题一层层导出原因的。”

“是差不多的思路，只是呈现的方式不一样罢了，一个像鱼骨，一个像树，这些都是形象化的命名。”王振解释道。

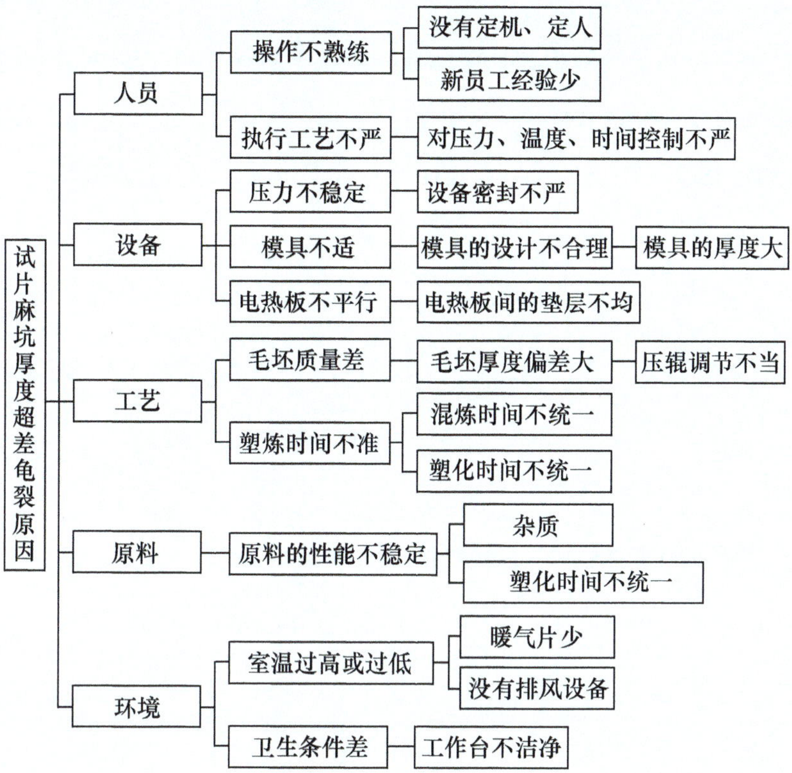

图 2-2　试片麻坑厚度超差龟裂原因图

“我明白了。”许静答道。

“明白就好。讲完了问题导向，我给你讲第三个导向，就是能力导向。有的时候因为员工缺失能力，无法胜任岗位任务，这时候我们也需要给他提供培训，帮助他能更好地胜任工作。例如，很多公司都会在新员工入职后提供一些新人培训，目的就是让新员工掌握一些工作必备的知识和技能，能更好地履行岗位职责。还记得我们前段时间探讨过员工的能力培养基于什么样的方式比较好吗？”王振问许静。

"记得，上次说是基于岗位任务、基于实际工作的培训和训练具有针对性，能够方便学员的知识和技能迁移，确保学以致用。"许静对自己的记忆力还是很有信心的。

"没错，基于岗位任务的培训是比较有效的。接下来我就教你3种工作任务分析的方法（表2-3）。"

表2-3　工作任务分析的3种方法

分析方法	具体说明	优缺点
流程分析法	描述显性的、可观察的行为。通过对一项工作任务的描述得出关键的步骤和操作流程，方便后续传承和学习	优点： 1．简单易学，适用性广 2．可以衡量，可以观察 3．诊断原因，实行补救 缺点： 1．隐性经验，不太适用 2．复杂任务，操作烦琐 3．知识技能，无法呈现
信息加工分析法	描述隐性的、不可观察的行为，重在描述能胜任岗位操作者的思维过程	优点： 1．隐性知识显性化 2．方便与其他方法融合 缺点： 1．只强调任务执行，而非任务学习 2．难以胜任太复杂任务的分析
关键事件分析法	就某项工作任务列出做得好的标杆典型事件。一般通过调研问卷和访谈法获得。以关键事件分析出任务执行者需要具备的能力素质要项等	优点： 1．具有真实性和有效性 2．得出隐性的步骤和流程 缺点： 1．耗时较长 2．容易受采编者的主观好恶影响，不客观 3．数据样本太小，影响数据的真实性

☞ 流程分析法举例

机油更换操作步骤：

1. 工作服穿戴整齐，备好工具；
2. 在发动机底部放油螺栓，下方对准废油接收容器；
3. 用手拧开发动机顶部的机油加注口盖子；
4. 拆下油底壳的放油螺栓，开始释放旧机油；
5. 检查放油螺栓上是否有异常金属附着物，提醒客户并提出解决方案；
6. 用吸油绵纸清理放油螺栓上的碎屑杂质，擦拭干净；
7. 拆卸旧机滤并用吸油绵纸擦干机滤座子上的油渍；
8. 在新机滤密封圈上涂抹机油，并向新机滤内注满新机油；
9. 用手安装并拧紧新机滤，再用机滤扳手紧 3 ～ 4 圈；
10. 待旧机油完全释放后，擦拭干净放油口周围的油渍并装回放油螺栓；
11. 用干净的漏斗从发动机顶部机油加注口开始加注新机油；
12. 加至额定油量后等 3 ～ 5 分钟，拔出机油标尺检查，将机油量控制在上下刻度之间；
13. 用吸油绵纸擦干净发动机的加油口及周边油渍，装上机油口盖并拧紧；
14. 启动发动机，检查机油压力及机滤、放油螺栓等是否有漏油漏气情况，同时检查其他相关部件的工况是否正常；
15. 待发动机怠速运行 5 ～ 15 分钟后，拔出机油标尺再检查一次；
16. 确认完工后，填写施工作业单并请客户签名验收、结算。

☞ 信息加工分析法举例

在以上机油更换操作步骤的第 5 步“检查放油螺栓上是否有异常金属附着物，提醒客户并提出解决方案”，后面的半句就需要更换机油的工作人员进行一定的分析和判断：给客户什么样的提醒；说到什么程度算是好的；分析这位客户的消费能力是怎样的，并匹配给相应的解决方案；考虑如果客户提出异议“我”该怎么处理，等等。这一系列的分析都是隐性的，无法外显的。所以这一系列的分析得出之后，按照一定的流程进行排序就是这个任务的心理过程和决策顺序了。

☞ 关键时间分析法举例

在以上机油更换操作步骤的第 5 步“检查放油螺栓上是否有异常金属附着物，提醒客户或建议解决方案”，可采访操作者，讲述一个他建议解决方案并被客户接纳的案例，通过收集到的案例，分析和整理出执行此项工作的优先顺序，并基于优先顺序得出胜任力要项及胜任力描述。

“照你这么说的话，这 3 个方法也可以是一个有机的整体喽？”许静问道。

“是的，这 3 个方法其实在很多时候都是一起用的，因为一般来说，一项工作任务分解之后，不会都是显性的、可观察的，也可能包含一些隐性的、无法观察的步骤，这时就需要运用信息加工分析法了。而当你要搜集这项任务的典型做法时，你又得通过关键事件分析法去得出典型做法。所以很多时候这是一个融合的过程。”王振解释道。

“这个确实挺复杂的，我回去之后要查查相关资料，再去整理和消化一下。”

“可以。有不懂的地方你也可以随时来问我。”王振说道。

“OK。”许静边说边打了个 OK 的手势。

“好。明确了培训需求的三大导向之后，我们再说说如何去搜集关于培训的相关数据。收集数据是为培训分析做基础的。这里给你简单介绍 3 种数据收集的方法及其优缺点。“说完，王振递给许静一张纸，如表 2-4 所示。

表 2-4　培训需求数据 3 种收集方法的优缺点

方法	优点	缺点	小技巧
访谈法	• 易于了解目前组织急需培训的内容 • 如果路程较远，可采用电话访谈的方式 • 如果技术专业，极易获得受访者的好感，建立起良好关系 • 适用于企业的各个阶层 • 便于观察受访者的肢体动作和表情，要适时调整访谈方式和节奏	• 费时较长 • 对访谈者的综合素质和能力的要求较高 • 一家之言，信息较主观，需要多方收集数据并进行分析比较	• 提前准备好访谈的问题清单，并熟悉清单 • 请专家对问题清单提建议并修改 • 重视与受访者开场寒暄、建立关系的步骤
调研法	• 获得匿名反馈 • 调研方式可选择线上和线上，较灵活 • 被调研者有时间思考，时间压力较小 • 费用较低 • 短时间内可收获大量反馈，时效性强	• 无法获得问卷以外的答案 • 无法控制问卷回答的质量 • 需要大量的时间做问卷设计 • 对问卷的设计能力有一定的要求 • 问卷回收率可能很低	• 先进行小范围的问卷测试，再大规模铺开调研

（续表）

方法	优点	缺点	小技巧
观察法	• 基本不妨碍被考察对象的正常工作 • 所取得的资料与实际需求间的相关性较高 • 为培训铺垫一定的工作场景 • 能引发其他需要探究的问题	• 需要水平高的观察者 • 要十分熟悉被观察者的工作 • 被观察者可能会刻意调整行为，导致观察不客观 • 费时，后续需要时间整理和分析数据	• 不要惊动被观察者，应暗自观察 • 自己可以先体验此工作，对工作有直观的认识

“这些方法好像是企业常用的需求数据收集的方法。”许静看完这份资料后说。

“是的。一般都会用这些方法去收集数据。当把数据收集好之后，我们就要开始对这些数据进行分析了。为什么要进行分析呢，许静？”王振问许静。

“分析数据是要去除一些无效的数据，呈现正确的有效的数据；同时，通过分析数据可以得出哪些方面需要加强培训，哪些方面要减少或不培训。”许静答道。

“差不多是这个意思吧。因为培训只能解决因为缺乏培训而导致的员工不会或不知道的问题，通过培训让他们会、让他们知道。所以培训能解决的问题真的是很有限，不能把什么都归结为因为缺少培训而造成的，这样对培训是不公平的。”

“是的，培训很容易成为冤大头，真是很无语。”许静附和道。

“有些情况是培训没法解决的，如操作性、流程性或系统方面的问题，这是工作流程的问题；员工不适合工作岗位，这可能是前期人员选拔的问题；员工没有足够的时间、信息、设备或其他资源，这可能是资源支持方面的问题；员工缺乏激励措施来提高绩效，这是激励导向的问题，就像我之前举的手机出库成交率的指标设计的例子；管理层没有清晰地向员工传达对他们的期望值或不知道如何向员工提供教练辅导，这应该是管理层需要做培训。”王振看了一眼许静，继续说道，“所以培训需求分析就是让我们得出哪些是可以培训的，哪些是培训解决不了的。提前做好区分并明确下来，免得做无用功、吃力不讨好。”

“所以，做任何事情都要依据一定的方法和流程，这样才科学。”许静说道。

“你说得没错。好，讲到这里，第一块内容，关于需求来源的三部分，即三大导向，数据收集和数据分析我已经讲完了。你还有没有什么疑问需要我做一下解释说明？”

许静翻看了一下笔记，沉思了一下，说：“暂时没有了，等我整理的时候如果碰到问题，我再向你请教吧。”

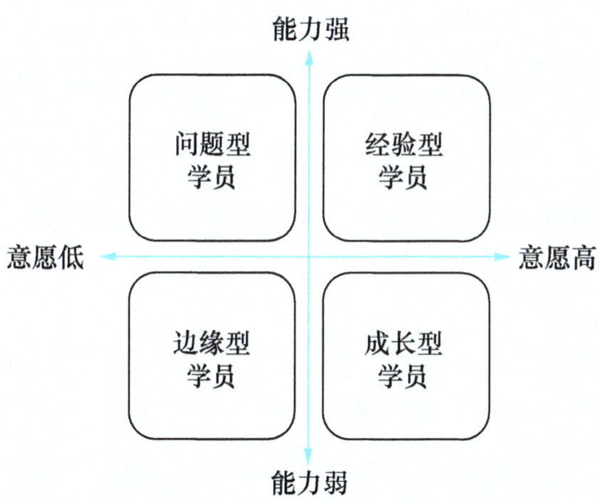

图 2-3　四型员工分类矩阵

“好的。既然没有问题，那我们就接着往下讲了。接下来我给你讲讲聚焦学习需求的第二个板块，就是人员分析的内容。人员分析里主要讲3个内容：四型学员、职位层次和学员分类。”王振看许静记得差不多了，就又开始往下说，“首先看一下‘四型学员’，就是一般我们把学员分为4种类型，然后有针对性地分析，以帮助我们更好地设计课程。”说完，王振递给许静一张A4纸，上面有一个二维矩阵（图2-3）。

“你看看这个矩阵。”王振在许静观看矩阵的时候做着讲解，“我们根据能力强弱和意愿高低把学员分为4种类型。如果你的学员是能力强、意愿高的，那他就是经验型员工。经验型员工热爱学习，同时专业知识和技能比较扎实，所以在给这样的学员准备课程的时候，我们要注意内容的深度和延展性。因为这些学员对基础知识已经非常熟悉了，所以我们不需要浪费时间给他们讲基础知识，更多的是带领和引导他们解决问题，让他们对某个问题有新的认识，对一件事情产生新的感悟，等等。如果一个学员能力强但意愿偏低，这时我们得想更多的办法，先试着扭转他们的心态，让他们觉得当下的学习对他们而言是很重要的。如果你没有解决和扭转他们的心态，你的课程讲得再好，他们也不一定会听，因为他们根本不想听，或懂得比你还多。所以，在给这样的学员做培训准备时，我们应该在‘为什么’，也就是Why上加大版面，通过各种办法让他们在意愿上产生哪怕一点改变也是好的，因为这样的人一旦改变意愿，就马上变成了经验型学员；经验型学员越多，对组织的关键人才梯队的建设越有利。如果有的学员意愿很高但能力偏弱，我们称这种学员为‘成长型学员’。在给这种学员备课的时候，应该加大知识和技能的传授力度，并注意方式和方法；同时要放缓讲课的速度，因为这样的员工很可能是应届毕业生或刚加入本行业的新人，如果讲得太快、太专业，他们就无法跟上老师的节奏。此外，在训练时也要有足够的耐心，要给他们练习和犯错的机会，并给予鼓励，这样，不久的将来他们也有可能成长为经验型员工。”王振拿起杯子大口喝水，停顿了一下，继续说道，“最后一种学员是能力也弱、意愿也低的学员，对这种学员的培训一般是补救性的，就是通过培训看是否能帮助他重新胜任岗位，因此在对这种学员的训练中，要明确传达他们目前的处境很危险，公司愿意协助他们成长并为其提供学习机会，但如果他们自己不珍惜、不努力，那公司也将无能为力。”

“这 4 种学员的分类其实也差不多把企业的员工都涵盖进去了，而且我发现每次上课，学员都不会是同一种类型的，可能会有 2 ～ 3 种学员。”许静说道。

“是这样的。所以老师才有必要在课前去做学员分析，了解学员的成分，这样备课时提前做好规划，在正式授课时就能相应地减少阻力了。”

“提前规划挺重要的。”许静说。

“对。同时我们还得注重职位层次。简单来说有 3 个层级，就是基层、中层和高层。你觉得这 3 个阶层的教学方式会有差别吗？”王振问许静。

“好像差别还挺大的。我记得有一次看微信朋友圈时，看到这么一则消息，说有个企业的内训师给高层上课，他一开始按照惯例要做一个破冰暖场的活动来活跃气氛，让学员消除紧张感；结果，活动才做了一半，就有一个 50 多岁的副总站起来说：‘小伙子，你到底有没有料啊？有料你就赶紧说，没料的话就不要耽误我们的时间了，我们很忙的，不要搞这种虚了吧唧的活动，直接讲，直接讲。’这一席话，把这个内训师说得愣在那里半天回不过神来——他从来没被这么打击过。所以，从这个案例中我发现不同层级是应该有差距的。这位内训师以前应该没有给高层上过课，可能更多是给基层上课；基层的课开场做游戏，大家是很欢迎的。”许静认真地回答。

“这个例子举得挺好，我以前也有过这样尴尬的经历，所以我属于现身说法。首先我们来看基层，基层员工一般负责一线的工作，与客户打交道，或者从事技术或生产工作，所以需要课程内容具备实操性，能够学了之后能马上转化，并实现迁移。同时，教学方式不能太单一，如果只是采用讲授形式的话，即使课程内容很好，但学员还是忍不住会走神或打瞌睡。所以，如讨论法、游戏法、角色扮演法、案例教学法等都可以辅助内容进行讲解。再来看中层干部，他们带领下属，要肩负整个团队的目标，所以他们对与管理相关的内容、与他人高效沟通的方法等内容，以及解决现实中遇到的问题或者掌握一些新方法、新技术等内容会比较感兴趣。中层干部虽然听课的时候会比基层有定力，但也应该让课程丰富多样，让中层干部参与，和老师一起解决问题，多增加让他们参与体验的环节，很多问题的答案和思路在体验当中会慢慢清楚和明朗。最后一个是高层，高层一般负责决策及把控企业的方向，他们要随时能够把握行业的走向及未来的趋势，并能审时度势地做出最合理的决策，要经常接受新观念和新理念。所以我们在给高层上课的时候，要去掉一切不实用的花架子，直接给‘干货’，讲课方式也以讲授法为主，适当加入一些研讨和讨论，并且能够给予一些新的方法、观点和理念，开拓高层的思维，激发他们的创新意识。所以，给高层授课是最难的，因为高层的所见所闻本身就很广、很多，你要讲一些他们不曾见闻的新东西，本来就很难。同时，因为他们的位置和角色需要，他们有很强的批判精神，一旦你的内容在逻辑或观点上无法站住脚，就会遭到质疑。所以在没有做好十足准备的情况下，还是尽量不要给高层上课，免得落个坏印象，有些时候不做可能还好些。”王振说道。

“我现在就先把基层和部分主管的课上好吧，高层的课就由你去上吧。”许静调皮地摆摆手说。

“你看你，我一说你怎么就知难而退了呢？这可不像你的性格啊。”王振开玩笑道。

“什么啊，我这叫有自知之明好吧。你不懂。”许静赶忙解释。

“好吧，好吧，就你厉害。”王振投降了。

“这还差不多，嘿嘿。”许静坏笑道。

“接着说，最后一个就是学员分类了。公司内部不同的岗位，可能培训的方式和内容也会有些不同，我给你简单讲讲。给应届毕业生授课时，他们都是职场新人，对企业和工作充满期待，并且求知欲强，容易接受新知识，而且现在都是‘90后’员工，这就要求你的授课方式一定得灵活多变，如运用多媒体教学、讨论、游戏等。还有一类是技术类员工，他们一般逻辑思维缜密，善于思考，思维严谨，强调数据和事实，所以给他们上课，你的课程逻辑起码得过得去，同时内容一定要实用，结合他们的岗位工作任务展开教学。此外里面的数据信息等要客观真实。教学方法上要注重实操练习和演练环节，让他们使用新学的技能和方法。第三类是销售类员工，销售类员工普遍是外向型，能说会道，同时对利益比较敏感，注重课程的实用性，不喜欢对理论的讲解，所以给他们做培训要少讲理论，多举例子，多提供练习话术的机会，如角色扮演、案例讨论、情景演练等，并且可加入小组竞赛，这样现场气氛可能会更热烈。”

“听你这么一说，我对‘投其所好’这4个字有了更深的认识，真的是要依据学员的特点来安排内容和教学方法，这样才能事半功倍。所以人员分析这个工作还真是少不了啊。”许静发表了自己的感悟。

“你能这么想就挺好的，说明我没有白讲。”王振回应道。

“那是，我可是很认真的学生啊。”许静又开始“嘚瑟”了。

“需求来源讲完了，人员分析也讲完了。最后，我给你讲讲环境分析吧。”王振说道。

“好呀，好呀。”许静迫不及待地应道。

“环境分析分为实施环境的分析和转化环境的分析两个部分。”王振看了一眼许静，继续说道，“实施环境就是要考虑课程开发中涉及的开发所需要的设施要求，以及培训实施中的要求。开发所需要的设施如开发微课需要准备录音笔、摄像机等；开发情景演练课程需要合成软件等。培训实施的要求如准备培训教室，教室不能太大，也不能太小，应该依据学员的数量来准备，还包括教室的通风、温度、桌椅设计等。还有如网络设备，现在很多课程采取工作坊的形式，需要学员上网搜索资料并形成结果。此外还有授课所需要的设备和工具，如投影仪、白板、白板笔等，还有培训的辅助资料，如老师要做角色扮演的练习，需要给学员发角色说明书。另外，如果你要教学员在电脑上操作等，还得准备相应的培训软件。所以，以上这些都是培训实施中需要进行的分析和准备。”

“嗯，看起来挺细致的，这样就不会漏掉重要的事项了。”许静认可道。

“是的，所以环境分析还是挺重要的。接下来，我们讲讲环境分析的第二部分，那就是转化环境的分析。转化环境也分为两部分，一部分是硬件环境的分析，另一部分是软件环境的分析。关于这个内容，我给你看一份资料吧。”说着，王振递给了许静一张表格（表 2-5）。

表 2-5　转化环境的分析

转化环境	因素	描述	综合评价
硬件环境的分析	人力	如果只是实现科氏四级评估的1～2级评估，对人力的要求不是太高，但是要进行3～4级的转化，则对人力提出了较高的要求	培训转化需要人、财、物的投入，如果这些资源能够配置得当，企业的收获一定会大于其付出
	物力	进行培训转化所需要的培训设备及相应的软件支持，如LMS、e-learning平台等	
	财力	组织对培训转化所能提供的经费，也对培训转化的深度和广度产生直接影响	
软件环境的分析	时间	培训转化是需要时间的，培训只能解决从不会到会的转变；要做到从会到熟练，甚至产生绩效，则需要给予一定的时间，让学员充分运用所学	领导的支持虽然看不见、摸不着，但却起到关键作用。所以培训部门一定要协调业务部门一起做训后转化的工作，不要闭门造车
	领导	领导的支持在课后的培训转化中起着非常关键的作用。如果培训现场效果好，但领导不支持使用所学，培训效果也将归零	

“对于最后一条‘领导的支持’，我是深有感触啊！”许静感叹道。

“怎么说？”王振反问道。

“我之前看到这样的一个故事，说一个员工参加了一个 3 天 2 夜的关于销售技能提升的课程，学完之后他信心满满，发誓要用学到的去实践，让自己找到更多的客户，并成交更多的客户。回来之后，他还特别到主管那里分享了自己这次学习的感想和收获，并把运用所学的计划向主管做了说明，并希望主管给予支持。这时你猜主管说了啥？”许静提问，但她没想让王振回答，很快又给出了答案，“主管并没有马上表扬下属，而是慢悠悠地说：‘你有那么多感想，学了这么多，我首先要恭喜你。但是你要知道，你现在是在我的部门做事，我不希望你因为使用新的方法而导致销售额下降、客户减少。如果这些事情发生的话，我想应该由你自己承担责任。’”说到这里，许静露出了一个鄙夷的眼神，“这个故事让我感触很深。培训部门辛辛苦苦地办了一个效果不错的培训，员工也觉得有收获，但就是因为领导的一两句话，让这个培训的效果趋于零。”

“嗯，对的，你这个故事非常棒，说明你已经吃透了这层意思了。非常好。”王振夸奖了许静一番。

“好，讲到这里，我们今天的课程也差不多结束了。聚焦学习需求这个部分，我们主要讲了需求来源、人员分析和环境分析3个部分的内容，希望你回岗位之后，可以做一些实践和尝试，这样印象会更深一些。”

第三讲

建构课程内容

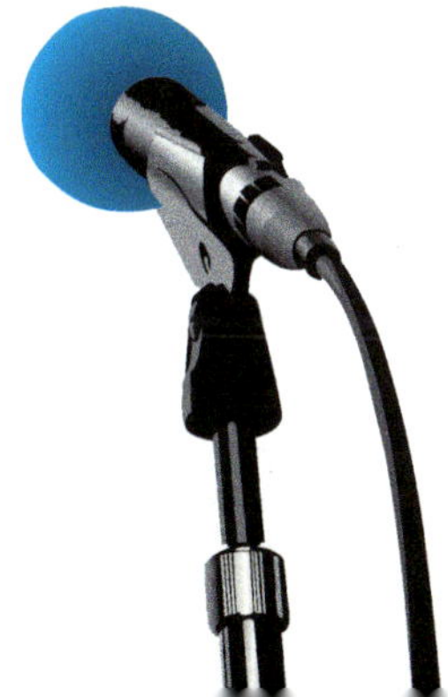

“今天怎么这么早？”当王振走进会议室时，发现许静已经在里面了，并且已经准备好了上课所需要的物材。

“哎呀，我也不知道啊，可能因为今天要学新东西了，就兴奋啊。”许静开心地说。

“好吧，这算是一个理由吧。”王振答道。

“今天学点啥啊？”许静问王振。

“今天我们学习第二部分，就是建构教学内容，我们要学习如何设定课程目标以及做‘标题党’，设计出引人入胜的课程题目。还有就是学习几种搭建课程的逻辑结构，把专家的经验按照一定的逻辑组织起来。”王振解释道。

“哇，这么多内容啊？听着就过瘾。”许静忍不住要流口水了。

“首先说说课程目标吧。美国当代著名的心理学家、教育学家本杰明·布鲁姆在1956年的著作《教育目标分类学》中对教学内容做了区分，他认为教学内容一般有三个领域。”说着，王振转向白板，在上面写了12个字：认知领域、技能领域和情感领域。“第一个是认知领域，认知领域呈现的就是一些知识点，如人有两只耳朵、两只眼睛、一张嘴巴等。第二个是技能领域，技能领域指的是一种能力，如能在20分钟内说服和影响一个人；以极强的谈判技巧在每次购物中以较低价格成交。第三个领域是情感领域，一般指态度，就是指导你的行为做出选择和改变的意识形态，如对人前一套、人后一套的做法深恶痛绝，或者认为只有通过自己的努力、付出了心血，这样取得的成功才叫作真的成功。”

“原来目前比较流行的说法‘知识、技能和态度’是来自布鲁姆的分类啊。”许静恍然大悟。

“是的，布鲁姆的分类学对教育和教学的贡献是非常大的。”王振补充道。而基于教学内容的3个领域，我们需要来设定目标。只有设定了合理的目标，我们的培训才有方向，才知道应该做什么。举个例子，我要给门店的导购讲FAB销售法则，如果我的目标仅仅是让他们学习完之后能够复述出FAB的相关知识点和法则运用的注意点，那我在教学时就会着重进行知识点的讲解，并在最后做个试卷测验，以判断学员是否记住了知识点。但如果我的目标是让导购在学习完FAB销售法则之后，在门店的销售中能够运用，并能促成销售成交，那我就不能仅仅只让导购复述FAB法则了，我还得在课堂上设置练习环节，让导购多演练和练习；因为只有多练习，才能内化FAB法则，并在实际销售过程中遇到客户时能够有效应用。所以，要达到的目标不一样，我们所采用的教学方法和侧重点也不一样。”

“这么说来，教学目标还是挺重要的。”许静道。

“是的，这里给你看看教学目标的重要性。”说着，王振翻开了一页新的PPT（表3-1）。

表3-1　教学目标的作用

序号	作用
1	有助于学员在接受培训后，确定自己需要达到的标准和努力的方向
2	为课程设计提供方向和原则
3	为课程设计者确定培训内容和培训方法提供依据
4	为讲师所需教材和教具的制作提供标准
5	为介绍和宣传课程提供依据
6	为评价和检查学员在知识、技能和态度上的转变提供依据
7	有助于从一开始就判断培训是否可以达成目标，防止做无用功
8	确定讲师的职责

“第8条‘确定讲师的职责’，这是什么意思啊？”许静问道。

“确定讲师的职责是指在教学过程中和教学之后，讲师需要承担一定的责任；因为目标不同，讲师的职责也会不一样。比如教学目标是让学员能够有效应用FAB销售法则。那么讲师在课程授课中就要承担一个引导者和教练的角色，辅导学员使用FAB法则，并给予指导和点评。而在课后，为了巩固所学，讲师也需要开展‘回炉会’这样的形式，让学员重新回到课堂，展现一段时间的进步，分享感悟及困惑，老师答疑解惑，从而更好地促进学员成长。所以，老师在不同的时期，因为目标的不同，其职责也是不同的。”王振解释道。

“这样我就明白了。”许静点点头。

“好的。但是现在教学目标在制定过程中还是有些小问题，就是使用动词不够恰当。我们尽量要用一些显性动词，能够衡量和观察的动词。如上面的例子，如果目标是了解 FAB 销售法则的基础知识，这个比较难以衡量；或者说掌握 FAB 销售法则，这个也不太好衡量。那么用显性动词怎么描述呢？许静，你知道吗？”王振问道。

“是不是叫‘能够陈述 FAB 销售法则的基础知识’，另外一个是‘能够有效应用 FAB 销售法则’？”许静试着回答。

“差不多是这个意思吧。这两个动词是显性动词，相对可以衡量和观察。‘陈述’指的是我上完课之后，把某位学员叫过来，让他复述 FAB 销售法则的内容，他如果能说出来，就代表他记住了。至于‘应用’，就看他在实际面对客户的时候能不能加以应用。”王振补充道。

“没想到一个动词的用法都还挺有学问的。”许静感叹道。

“是的。关于教学内容 3 个领域的目标动词，这里有两张表，你看一看。”说着，王振递给许静一份画有两个表格的资料（表 3-2、表 3-3）。

表 3-2　三大领域的学习水平划分

领域	学习水平	学习水平解释
认知领域	记忆	对信息的回忆，能做到简单的复述
	领会	对内容的理解，能用自己的语言解释信息
	应用	将所学应用于新的场景
	创造	将信息重新组合或创造新的信息和模型
情感领域	注意	开始注意某个时间或活动
	反应	乐意以某种方式加入某事

（续表）

领域	学习水平	学习水平解释
情感领域	价值判断	对现象和行为进行价值判断，从而表示接受、追求某事，表现出一定的坚定性
	信奉	以一贯、自发、稳定的价值体系行事
技能领域	模仿	按照指示或在指导下从事简单的技能
	操作	能独立完成一项技能
	熟练	能准确、自动地完成一项技能任务
	创新	应用于新领域，改进技能本身的操作和应用方法

表 3-3　三大领域水平的常用动词

领域	学习水平	常用动词
认知领域	记忆	确认、定义、分类、配对、列举、陈述、说明、复述
	领会	解释、说明、阐明、推断、判断、估计、区别
	应用	运用、示范、说明、解答、解决、撰写、证明、评价
	创造	创造、设计、提出、组织、计划、综合、归纳、总结
情感领域	注意	经历、感受、寻找、讨论、分享、参观、接触、体验
	反应	遵守、杜绝、认同、承认、反对、欣赏、怀疑、抵制
	价值判断	接受、参加、决定、影响、支持、辩论、评价
	信奉	具有、养成、热爱、树立、确立、坚持、追求
技能领域	模仿	模拟、临摹、尝试、分解、解剖、使用、移动
	操作	完成、制定、解决、绘制、测量、表现
	熟练	精通、熟练、熟悉、灵活运用
	创新	转换、应用、改进、创造、提升、拓展、新编、创作

“我给你简单解释一下。”王振拿起纸给许静做起了简单说明，“先看表 3-3，每个学习领域如果细分的话，其实都可以分为 4 个等级，这 4 个等级分别是由低到高的，如认知领域，分为记忆、领会、应用、创造。你

学习了知识，一开始先要记住相关内容和信息，能够复述。接着就到了领会的程度，能够用自己的语言进行解释。第三层是应用，能将知识加以运用，帮助解决问题。第四层是创造，熟练应用知识之后，能够融会贯通，创造出新的信息和模型。情感领域也是一样，第一层是让学员注意到一些事情；第二层是反应，学员能做出初步的选择；第三层是价值判断，能做价值判断，并表示出对事情的接受或拒绝；最后一层是信奉，就是已经把某些事项列为行为准则或上升到价值观层面了，这是最高的层次。技能领域就是技能方面的内容，一开始是模仿，依葫芦画瓢，需要别人的指导；第二层是操作，能够独立进行一些操作和呈现；第三层次是熟练，能够较快地完成任务，差错率小；第四层次是创新，能够改进技能中的不足之处，进行优化和创新。”王振喝了口水，继续说，“所以我们会发现，学习的等级越高，对老师的要求也越高，同时需要的时间也越多。一般来说，上课最多只能达到第三等级，第四等级是无法在课堂上达成的，因为课堂只能解决学员由不会到会的转变，而课后的持续追踪和跟进才能解决学员由会到熟练的转变。”

“所以，表 3-3 的这些常用动词就是用来描述学习水平的，对吧？王经理。”许静问道。

“是的。你看表 3-3 上有很多常用动词，这些都是对应某种学习水平的常用动词。举个例子，如果我们教 FAB 销售法则是为了让学员记忆，那么就在记忆这个等级中选择相应的动词就可以了。比如选择‘复述’这个动词，那学习目标就变成了复述 FAB 销售法则的基础知识。”王振解释道。

“这样就非常方便了，有了这样一个表格，就可以依据不同的课程选择相应的动词。”许静说道。

“是的，就是这个意思。关于目标的书写格式，我也给你简单讲解一下吧。”王振说着就打开了一页新的PPT，上面显示了目标书写格式的内容，如表3-4所示。

表3-4 目标的基本要素

表演者（Actor）	详细的描述
	如果目标听众非常明确，则不必描述
行为（Behavior）	可检测的
	可观察的
	可测量的
条件（Condition）	给予听众资源
	任务有效完成所需的必要条件
程度（Degree）	可测量的行为的量化程度
	可接受的出错范围

“目标一般包括这四项内容，我们在书写目标的时候一般把这四项内容这样来写。”王振转身在白板上写了一些字，一边写一边口述，“就是经过培训后，学员能够在什么条件下完成什么样的任务、达到什么样的标准或水平。”

王振看到许静面有疑惑，就说：“我给你举个例子，例如，在投标模拟中（条件），能够回答客户提出的常见商务疑难问题（行为），在关照客户情感的同时，能够掩饰公司的不足，展示公司相关专业能力，满足客户的需求（程度）。因为执行这个行为的总是学员，所以‘学员’这两个字就省略了。”

“嗯，你这样举例子，我就了解了。”许静点头说道。

“理解就好。有的时候我们写目标时也会简化，只包括行为和程度就可以了。如‘能够复述 FAB 销售法则的 4 种使用误区’这个教学目标就包含了行为和程度。一般我们在企业开发课程，就用简化的教学目标来进行呈现。”

“是的，只要能够指导老师的教学，让老师能够以终为始进行课程设计就可以了。”许静深有感触地说道。

“好的。如何设定课程目标就先给你讲到这里吧。接下来给你讲讲课程标题的制作吧。”

“就是你刚才说的做‘标题党’，对吧？”许静打趣道。

“是的，标题挺重要的，一个好的标题能够帮助企业做好内部营销，让大家对课程产生兴趣。同时，一个好的标题本身也能增加课程的内涵，让课程看起来更加高大上。就像一个人的名字一样，我们要取一个好听的名字，当然也得给课程取个好的名字啊。”

“这个我同意。”许静说。

“但是，现在构思课程标题的过程中，还是普遍有一些问题的。比如对标题没有任何修饰和说明，只是孤零零地出现一个题目，导致标题单调、枯燥；同时外延太大，如‘时间管理’‘目标管理’这样的标题。另外，还有很多标题的呈现缺乏针对性，光看标题无法知道这个课程的目标学员是谁，如‘执行力’‘职业化’等标题。”

“那标题应该怎么取呢？”许静问道。

“这就要给你讲讲好标题的‘五有’特点了，分别是有亮点、有内涵、有创意、有动感和有方向。”王振在白板上写下了这 5 个特点，然后说道，“‘有亮点’是指课程的名称应该能体现课程的独特点和亮点。比如《以‘引’促学、以‘辅’助学——微案例开发实战工作坊》，这个标题就强调了这个课程是以引导和辅导点评的方式来开展教学，让学员多参与体验。‘有内涵’是指课程的标题应该能够体现课程的内容和主旨，让学员通过看标题觉得课程是有料的，如经典课程标题《高效能人士的7个习惯》《6顶思考帽》等。‘有创意’是指课程的名称要有独特的视角和见解，体现创新和不同，如《那些年我们一起浪费过的‘能源’》，这是一个关于环保的课题，运用了当时的流行元素。‘有动感’是指课程标的题可以适当调皮、活泼一些，特别是有些课程要给‘90后’的新新人类上，这时的标题一定要能贴合他们的需要，如《滚蛋吧，鸭梨君——论压力化解和处理的3个方法》《奔跑吧，骚年！——4招助你赢在职场起跑线》《臣妾做不到——合理拒绝他人请求的3个步骤》。这些词汇都是‘90后’耳熟能详的，这样的标题可以拉近课程与学员之间的距离。最后一个是‘有方向’，是指课程要能指引学员学习的方向，让学员看到标题就能大概知道课程针对的学员及内容的深浅度。如《小白成长记——基础销售知识ABC》，这个课程名称一看就知道是给新的销售员工讲的，讲一些基础的销售知识。再如《‘化’骨绵掌——销售现场常见问题解答及应对技巧》，这个课程从标题上看针对的是有一些经验的销售熟手，重在解决问题，教一些实用技巧。”王振看了一眼许静，见她记得很认真，“所以，我们写标题要尽量遵循这‘五有’。”

“好嘞。这么一讲，我就发现自己的语文水平不够用了。”许静边说边吐了吐舌头。

“那只能说明你的语文是数学老师教的。”王振也开了个玩笑。

“哈哈，你错了，王经理，是体育老师教的。”许静自嘲道。

“好吧。你的体育老师躺枪了。”王振说，“那接下来我就给你说说标题该怎么取。”说着，王振重新把黑屏的投影仪打开，翻到新的一页PPT。“标题一般由两部分构成，一部分叫‘花名’，一部分叫‘本名’。什么叫‘花名’呢？“‘花名’主要是为了让听众更容易记住或者理解这个产品。我给你举个例子。你感冒的时候一般吃什么药？”王振问道。

“我一般吃泰诺。”许静回答。

“那你说说泰诺这个名字是属于‘花名’还是‘本名’？”王振问。

“应该是‘花名’吧。”许静猜测。

“被你蒙对了。”王振说，“那么你知道泰诺的‘本名’是什么吗？”

“这个我就不知道了。”许静答道。

“泰诺的‘本名’叫‘酚麻美敏片’。”王振解释道，“那我再问问你，为什么强生制药没有用‘本名’来做推广呢？”

“太复杂了吧，我想。”许静答道，“你看，这么长的一串名字，谁记得住啊。而且你说了客户也不懂啊，因为客户又不是学医学的。所以还是用‘花名’比较好吧。”

“是这样的。虽然客户不了解这个，但是制药厂会把这个药品的‘本名’用很小的字印在药品的外包装盒上，以解释这个药品的化学元素和构成；而会把‘花名’泰诺这两个字印得特别大和醒目，包括电视广告也是着重强调泰诺这两个字，只是在最后才说一下‘本名’。所以两个名字都得有，‘泰诺’让大家记住了这个药，而‘本名’让大家了解其化学构成和元素，特别是懂行的人，如医生。如果你只有‘泰诺’这个名字，医生就没法给病人推荐药了，因为他不知道这个药的构成。如果只有‘本名’，客户就看不懂了，没有认知了，这个药的销量也会打折扣。”王振一口气说了很多。

“取个名称也是挺有学问的。”许静感叹道，“照你这么说，生活中还是有很多这样的现象的。如‘快克’这个名称应该就是‘花名’了，而它的‘本名’，我刚刚搜索了一下，是叫‘复方氨酚烷胺胶囊’。”

“是的。所以我们可以从生活中借鉴取标题的方法。”王振说道，“我们刚刚举的例子，如《滚蛋吧，鸭梨君——论压力化解和处理的3个方法》《奔跑吧，骚年！——4招助你赢在职场起跑线》，请问这里面哪些是‘花名’，哪些是‘本名’？”

“嘿嘿，这可难不倒我。”许静自信满满，“‘滚蛋吧，鸭梨君’和‘奔跑吧，骚年’，这两个是‘花名’；相应的后半部分的标题就是‘本名’。”

“恭喜你，答对了。”王振走过去夸张地和许静做了个击掌，“你会发现，如果只有后面的‘本名’，这个标题就比较枯燥，无法引起大家的兴趣。而加上个‘花名’，课程的标题就马上生动起来，变成了‘标题党’。但问题又来了，如果你只呈现一个‘花名’，请问学员能不能知道你这次上课的内容是啥？中心思想是啥？还是比较难的吧，因为‘花名’太抽象了，不够具体和聚焦。所以要把‘花名’和‘本名’两个名字组合在一起，既能把课程的意思说清楚，又能吸引大家的眼球。”

“那有没有课程就只呈现一个‘本名’呢？”许静问道。

“一般来说，以‘花名’+‘本名’的方式呈现课题比较好，生动有趣。但有时候有些标题只呈现‘本名’也是可以的，但是对‘本名’要稍微做些修饰，要让大家能看懂是什么课程，同时也比较生动有趣。”王振说，“但是‘花名’是不能单独出现的。”

“好的，我明白了。”许静回答。

“标题的取名方法有以下几种，给你看看。”说着，王振递给许静一个表格（表 3-5）。

表 3-5　课程标题的取名方法

标题取名方法	解释	举例
影视剧法	用流行影视剧的题目或里面的经典台词作为“花名”来命名课程的标题	《调度遇上分公司——如何加强生产调度管理》《柜员特烦恼——浅谈优质文明服务》《那些年我们遇到的难题——一线员工常见五大难题解决办法》
数字法	通过列出一些数字表明课程的含金量很高，包含很多观点、方法和步骤。数字法一般是单标题，只出现“本名”	《项目管理七杯茶》《6顶思考帽》《高效能人士的7个习惯》《生产车间5S管理》
夸张法	用博眼球的方法来引起学员的注意，所谓“语不惊人死不休”。通过强烈的反差，让听众对标题产生印象	《10分钟教你做出高逼格PPT》《一线万金——高效电话营销技巧》《死而复生——误删文件的三步恢复法》《点石成金——TOP赞美法的5项修炼》
潮流法	用当下流行的词汇和说法来制作标题，做到与时俱进，吸引学员尤其是年轻学员的关注和青睐	《滚蛋吧，鸭梨君——论压力化解和处理的3个方法》《奔跑吧，骚年！——4招助你赢在职场起跑线》《臣妾做不到——合理拒绝他人请求的3个步骤》《屌丝巧逆袭——新员工职业发展三部曲》
就事论事法	对课程本源的介绍和说明。看到题目就能理解课程的内容和针对的学员	《让学习更有趣——TTT初级授课技巧》《让学习更有效——TTT中级授课技巧》《让学习更深入——TTT高级授课技巧》
喻证法	用比喻或隐喻的方式来取标题，让标题更形象、生动	《热源厂中的“皮卡丘”——热源厂电气基本知识》《护好供热之“眼”——供热计量装置的安装与维护》《让声音舞动——魅力嗓音训练与护养技术》

“哇，这些方法好炫啊！按照这些方法，相信我以后取的标题一定会是高大上的，同时也能明确表明课题，吸引人。”许静感叹道。

“是的，你可以参照这些方法来设计标题，这样的标题应该会比较饱满一些，能够吸引大家的眼球。当然了，你写得多了，也可以加以创新，得出更多取标题的方法。”王振鼓励许静。

“好的，我一定要多实践。”许静回应道。

“OK。今天最后的时间，我重点给你讲讲课程设计内容的架构。因为目标确认了，题目也选好了，现在就要开始建构我们的课程内容了。这也是很重要的内容，相当于房子的框架结构，只有一定数量的有效的柱子才能搭建起房子的基本框架结构。课程的内容框架，就像我们人身上的骨架，有了骨架，我们才能去填充血肉。”王振解释道。

“好的。那我们从哪里做起呢？”许静迫不及待地问道。

“我想先问问你，你觉得课程结构化对我们有什么益处？”王振反问许静。

“我想，结构化的课程应该容易记忆和传播吧。”许静回答。

“差不多是这个意思。结构化就像一个密码箱，把所有的东西都装在里面，只要一提起箱子的把手，就可以把里面的东西都带走。结构化就有这样的好处。同时，结构化也方便学员学习和记忆，方便内容的传播和沉淀。”王振解释道。

“说到结构化，我们就不得不提到一个人以及她所提出的理论。你知道这人是谁吗？”王振冷不丁抛给许静一个问题。

“你说的难道是‘金字塔原理’吗？”许静小心地回答道，“但是那位作者叫什么名字，我倒有点忘记了，我只记得好像是一位来自咨询公司的女咨询顾问。”

“你答对了，就是金字塔原理，这个原理是麦肯锡咨询公司的芭芭拉·明托在2002年出版的《金字塔原理》一书中提出来的。这么多年来，这个原理已经深入人心，在撰写工作报告、演讲稿、研究性文章等复杂的专业性文章方面得到广泛应用。我给你看一个图，你就能大致了解什么是金字塔原理了。”说着，王振打开了一页PPT（图3-1）。

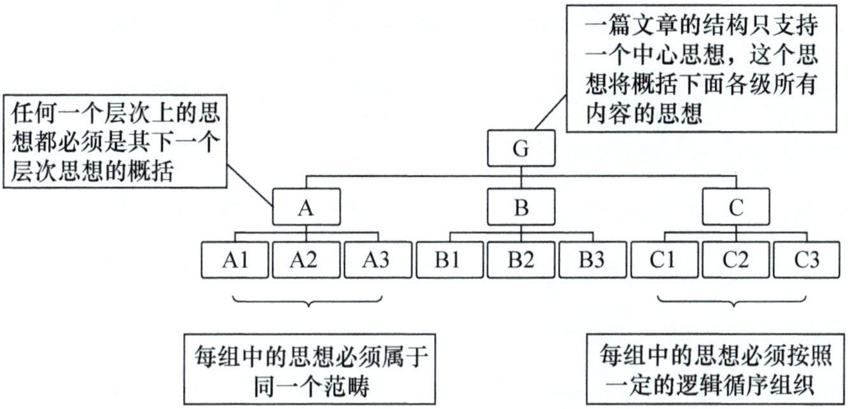

图3-1　金字塔原理结构图

“这个图有点抽象，我给你举个例子，就拿我们江苏省为例吧。”说着，王振在白板上画了一个框，写了3个字——“江苏省”。

“假设‘江苏省’这三个字就是我们的中心思想，那么下面该怎么分？”王振问许静。

“下面可以写江苏省下面有哪些市啊。”许静回答道，“如南京市、苏州市、无锡市，等等。”

“非常好。”王振在许静说的时候，就把这些城市名称写在了“江苏省”的下面（图3-2）。

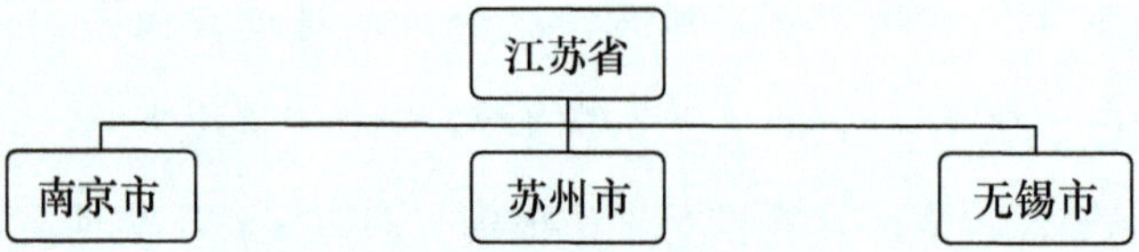

图 3-2　金字塔原理图示二

“那南京市下面可以怎么分呢？”王振问许静。

“南京市下面可以分为市辖区，如玄武区、鼓楼区、六合区等。”许静答道。

“很好。”王振把许静所说的写在了“南京市”的下边（图 3-3）。

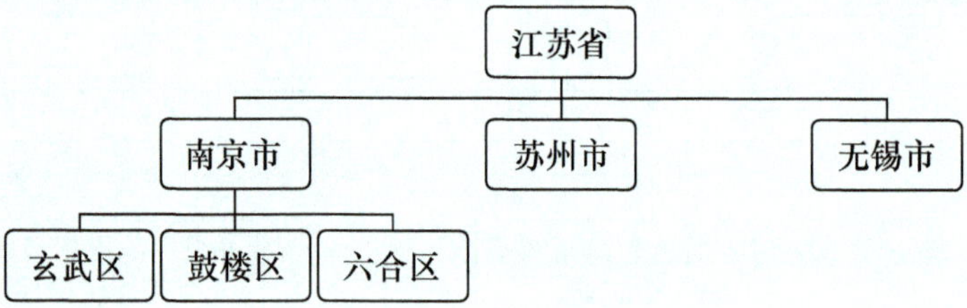

图 3-3　金字塔原理图示三

“你看，这就是一个典型的金字塔结构图。虽然对苏州市和无锡市我们没有再往下分解，但有南京市的分解就已经够了。”

“首先，你看最上面的‘江苏省’是不是相当于一个中心思想？它概括了下面所有的内容。”王振指着白板说道。

“是的，是这样的。”许静回答。

“然后江苏省下面的内容分类是南京市、苏州市、无锡市。请问这里填写一个‘浙江省’行不行？”王振问道。

“不行，填写‘浙江省’的话，它就和‘江苏省’是并列的，江苏省就没法概括它了。”许静回答。

“对，就是这个意思。”王振说，“请问现在南京市、苏州市、无锡市这 3 个城市在这里是什么顺序？”王振问道。

“这应该是并列式吧？”许静答道。

“那我如果把南京市、苏州市、无锡市按照城市面积的大小排列，应该怎么排？”王振继续问道。

“那我得查查手机，你给我几分钟时间。”说着许静迅速打开手机，开始搜索起来，不一会儿就有了答案了，“如果说按照面积排序的话，应该是‘苏州市’‘南京市’‘无锡市’这样的排序。”

“那我问你，你刚才说南京市下面的辖区有玄武区、鼓楼区、六合区。那这里我填常州市行不行？”王振问道。

“那肯定不行啊。”许静回答道，“常州是和无锡、苏州并列的啊。”

“是的。所以玄武区、鼓楼区、六合区这 3 个辖区目前的排序也是并列式的。那么按照人口多少来排，应该怎么排？”王振问道。

许静又用手机查了一会儿，然后回答：“鼓楼区、六合区、玄武区。”

“是的。通过我举的这个例子，你对于金字塔原理是不是就明白了？”王振问道。

“嗯。明白了，很清楚。”许静回答。

“在完成课程内容的建构后，我们还得做一件事情，那就是搜集相关的教学素材。只有拥有一定的教学素材，我们才能更好地去组织课程的内容。”王振补充道。“我问你，你觉得素材是什么时候准备比较靠谱？”王振问。

“应该是靠平时的积累吧。如果上课前才去找的话会很忙乱，效果不好。”许静回答。

“我们说素材搜集有3个‘随’，即‘随时’‘随地’‘随题’。什么意思呢？就是搜集素材重在平时的积累，要养成随时搜集素材的习惯。‘随地’就是无论在哪里发生什么事情，都可能会与你的授课主题有关，给你的课程添彩。‘随题’是指搜集的素材要能够对接你讲课的主题，而不是南辕北辙、无法产生关联的。”王振解释道。

“那具体怎么搜集呢？有些什么渠道？”许静问道。

“一般来说，搜集素材有两个渠道，一个是对外部素材的整合，一个是对内部素材的挖掘。通过‘外整内挖’来找到相关的素材。”王振喝了一口水，继续说道，“‘外整’，比如可以通过看专业书籍找到一些理论模型和方法来充实课程的内容。还可以借助互联网找到素材，如百度文库、新浪爱问共享资料、新浪微盘等，都有一些不错的资料。现在还流行一个问题解答和提问的网站叫‘知乎’，有各行业、各领域的很多高人给大家答疑解惑，如果你想对某个主题快速了解，可以去看看里面的一些内容。还有就是一些市场的动态资料，从中也可以得到一些最新的资讯。此外，专业的期刊上也有一些信息和素材。网络课堂现在也非常流行，如腾讯课堂、网易云课堂、淘宝教育等，其中有非常丰富的课程资料，有的是收费的，有的是免费的，可以获得一些较好的经验。最方便实用的就是参加一些老师的面授课程，获得一些经过老师提炼和总结的信息。”王振一口气把外部整合素材的6种方法都向许静做了说明。

许静则飞快地做着笔记，生怕漏掉什么关键信息。记完后她抬起头说：“这些渠道经你这么一罗列，还真是不少，有的我们以前还真没用到呢。”

“嗯，正好给你做个补充嘛。”王振说道，“外部素材和资源确实很好，但毕竟不是我们公司自己的经验和素材，所以课程内容素材的收集还有一个更重要的工作，那就是重视内部素材的挖掘。内部挖掘有 3 个渠道和来源。第一个就是公司已有的课件资料。你要开发相应课题，可以去找一下公司以前是否开发过类似的课程，类似的课程里面的一些框架结构或知识点、模型，可以为新的课程所用。第二个是找找企业的知识管理系统里是否有相关的信息，如企业的 OA 系统、微信群或者 QQ 群等。第三个是我想着重强调的，也是现在很多企业都热衷的一种方式，那就是‘专家经验萃取’。”

“是的，这个好像你以前也提到过一些，就是把专家做某事的经验提炼出来，组织成课程，就可以教新人了，这样方便经验的传承。”许静说道。

“是的。以前企业的内训师开发的课程都是通用的，与企业的针对性和匹配性不是太强。学员学习了之后也不太感兴趣，收获甚微。因此，企业迫切需要将那些明星员工的好的做法提炼出来，成为课程的模型和知识点。用这样的课程去教新人，针对性就很强，能够实现经验的快速复制和传播，让新人也能像资深员工一样去做事，掌握科学的工作流程。”

“那这个该怎么做呢？”许静问道。

“‘专家经验萃取’一般采用专家个人访谈法和小组萃取法这两种形式来进行。‘专家个人访谈法’是和专家进行深入沟通，以了解专家做事的思路、方法以及挑战等信息。这种方法需要花费较多时间，同时对访谈者也有一定的要求，需要访谈者掌握结构化访谈的方法。一般用下面的几个步骤去进行专家访谈（图 3-4）。”

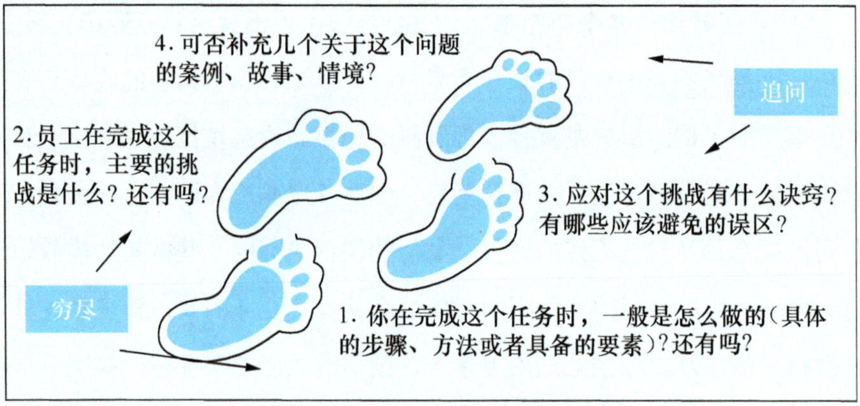

图 3-4　进行专家访谈的步骤

“第一步要了解专家完成这个任务的具体步骤，一般他是怎么做的、他会用什么方法去做等。一般专家在描述如何做的时候，不会只是简单地陈述几个步骤，而是会做一大堆的信息描述，这也需要访谈者能从这些信息中理出关键的步骤和方法，要能够去其糟粕取其精华。同时你可以问专家、新员工或者资深员工在执行这个任务的时候一般会碰到什么难题，有什么挑战。专家之所以是专家，因为他经历过很多事情的磨炼，他经历过新人成长的痛苦过程，因此他能站在一定的高度审视在新人成长的过程中会碰到什么困难，会有什么挑战；哪些是典型的，哪些挑战或困难解决之后能够帮助新人快速成长，快速提升工作能力。接下来要问专家对于新人或资深员工碰到的这些困难和挑战，他们有什么诀窍，有什么独到的解决办法，有没有什么好的工具。这些方法可以帮助新人在遇到类似的挑战时可以做到事半功倍，因为站在巨人的肩膀上可以看得更远。同时也要让专家讲述一下新人在执行这个任务时有没有可以避免的陷阱，提前告知新人，这样可以防止浪费资源和时间，让新人少走弯路。最后可以让专家讲几个成功的故事和案例，因为通过故事和案例，可以看到专家是如何运用这些综合技能去解决问题的，同时，专家在讲述故事时也能更生动地呈现他的显性做法以及隐性的一些经验，访谈者也可以通过他的故事和案例提炼出相关的做法和思路。让专家讲故事，需要运用 STAR 模型来进行引导和呈现。这样的故事结构能够确保故事的完整性和生动性，因为专家不一定是讲故事的高手，所以需要访谈者用 STAR 法引导他，让他慢慢把完整的故事呈现出来，从而才能找到里面的关键内容。关于 STAR 模型的介绍和案例，我给你找了一个，你可以看一下。”说着，王振给许静发了一页 Word 资料，上面有两类信息（表 3-6、图 3-5）。

表 3-6　STAR 访谈举例

STAR 法	事例说明
S 情形	说到和企业高层在解决某问题上有不同看法时我是如何做的，让我想起这么一件事。2008 年 7 月，公司召开了一次有高层参与的半年度会议。当时公司的业务蒸蒸日上，不断开疆拓土，我们也在全国很多地区开设了分公司或办事处。随着分公司的增多，员工的数量也更多了。同时因为分公司的点很多，导致各地出现了薪酬标准不一致的问题，有些地方的办事处甚至出现一个地方有几套不同的薪酬标准的现象。因为公司发展得太快，所以很多规章制度都没有跟上，导致没有成熟的集团整体薪酬标准管理办法。因此，很多员工对这种地域不公平的薪酬制度表示不满，也有一些员工因为这样的原因而离职
T 任务	对于这样的问题，我作为人力资源部的一把手，看在眼里，急在心里。所以我就在这次会议上提出要进行人力资源集中化管理的建议
A 动机、思想和行为	我这个提议一经提出，会场就像炸开了锅一样。大家普遍表示反对，认为城市之间本就有差异，大家对不同城市进行差异化管理，正好也让人力资源工作与本地的实际情况相结合。也有的人认为现在这种情况虽然有些员工离职了，但是毕竟没有出什么大乱子，所以应该保持原样，没有必要费力气去解决它。但是我始终觉得它是隐患，所以把我之前准备的做了阐述和呈现。我把公司人力资源集中化管理做了客观的分析，进行了利弊分析，并得出如果企业想在未来快速高效发展，让战略能够落地，集中管理是势在必行的一件事情。最后，我还把这种集中式管理与各分公司之间的利害关系做了陈述，并与他们做了充分的纵向和横向的沟通
R 结果	最后，高层会议一致决定将在公司采取集中式的人力资源管理工作

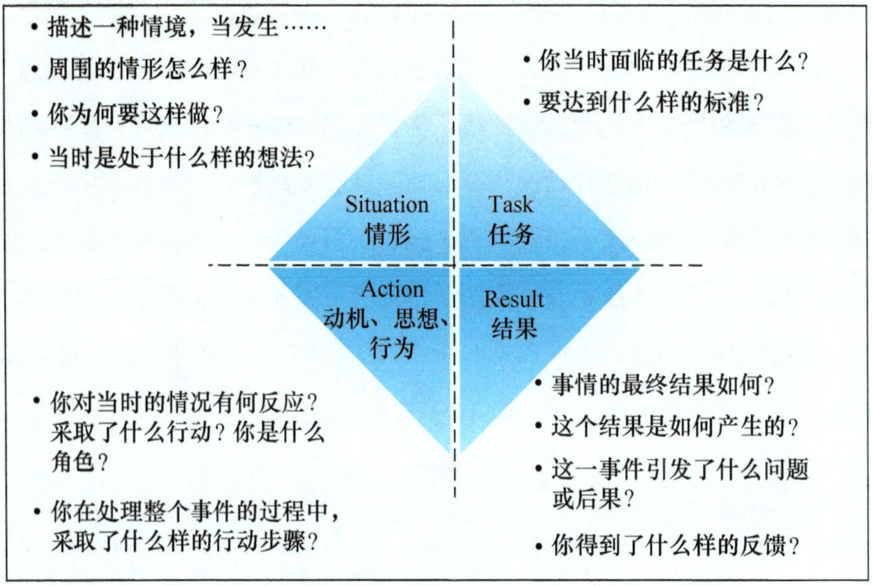

图 3-5　SATR 模型介绍

“结合一个案例看 STAR 模型会不会更容易理解一些？”王振问许静。

“是的，不过你也可以稍微给我解释一下。”许静说道。

“SATR 法第一个是 S 是 Situation，叫背景或情形，主要是让被访谈者把事件发生的时间、地点、涉及的相关人物做一些陈述，也包含当时所处的环境，还有事件发生的起因是什么。T 是代表 Task，是任务，也就是说事件当事人的任务与目标是什么？他当时面对这个任务时的心情是怎么样的？以及任务有何挑战及难度。第三个 A 是 Action，是行动，也就是被访谈者为完成这个任务所采取的主要行动步骤和行动细节，以及他这样做的原因是什么。这一块的描述要细致一些，如果被访谈者说得比较笼统，访谈者需要追问，并请被访谈者说出相应的细节。最后 R 是 Result 结果，就是要被访谈者说出做了这么多事情之后造成的结果和影响是什么？通过这

4 个步骤，可以让被访谈者说出一个较为完整的故事。”王振做了详细的说明。

王振看许静点了点头，就继续说道：“刚刚说的是专家个人访谈法。还有另外一种方法是小组萃取法，小组萃取法会比专家个人访谈法效率更高一些，会在单位时间收集更多的专家经验。一般采取团队共创的方式来进行，例如，在分析某个任务的最佳实践时，是让小组成员轮流分享自己关于处理此任务的最佳案例，然后评选出最佳的案例，由此案例为基础来进行流程步骤和梳理，并以其他事件和案例做补充。在时间比较紧张的情况下，这种方式是挺适用的。”

“小组萃取法似乎对老师，也就是引导者，提出了更高的要求。”许静说。

“是的，因为要一对多地进行引导。要确保流程顺畅和专家的参与度。”王振说道。

“来，专家经验萃取讲得差不多了。我给你综合呈现几个例子吧。”王振说道。于是他翻开了一页 PPT，上面呈现了 3 位专家经验萃取的案例，（表 3-7 ～表 3-9）。

表 3-7　专家经验萃取案例一

任务	难点	步骤	窍门	常见问题	成功案例
版面设计	色彩搭配不合理，主题不突出，书写不规范	1. 确定布局：布局合理，主题突出	1. 海报突出主题（1/3 处），主题精炼，唯一性 2. 图文并茂、字不如图	版面编排混乱，不突出，没有注意留白	略
		2. 选取色彩：色调统一、颜色鲜明	1. 色彩不宜超过3种 2. 色彩对比强烈（如黑与白）	色彩单一或色彩过于繁多，色差不明显	

（续表）

任务	难点	步骤	窍门	常见问题	成功案例
版面设计	色彩搭配不合理，主题不突出，书写不规范	3．运用字体：字体大小层次鲜明，表现形式契合内容	1．文字不宜太多 2．字体不宜混搭	文字描述过多，表现形式整体单一，不注重字体与主题的契合	略

表 3-8　专家经验萃取案例二

任务	难点	步骤	窍门	常见问题	成功案例
如何有效开展营销	客户不感兴趣	1．探寻与挖掘客户的兴趣和需求（通过询问客户使用情况，找到用户潜在危害并表示担忧）	1．通过免费清洁“消毒”服务 2．观看“3·15”视频	直接提问，没有服务意愿，提问方式生硬	略
		2．激发客户购买欲望（说明价值、体验销售，引导客户接受建议）	3部手机对比演示，展现木马病毒导致被窃听的后果	对演示操作不熟悉，营销话术有限	

表 3-9　专家经验萃取案例呈现 3

任务	难点	步骤	窍门	常见问题	成功案例
渠道经理巡店过程中如何对厅店进行检查	经验不足，不懂检查流程	1．针对厅店外陈列（站在厅外检查厅店的远景、中景和近景）	提供检查表，列明细项	经验不足，找不出问题	略
		2．针对厅店内陈列（进入厅内检查厅店的上景、中景和下景）			

“当做了专家经验萃取之后，这些就是呈现出来的专家最佳实践，这

些都是未来课程开发、内容建构的主要内容。”王振说道。

“是的，按照这样的方式梳理出来的素材再整合成课程，就能确保课程的有效性和落地性了。”许静说道。

“差不多这个意思吧，其实素材梳理出来之后，课程内容也就八九不离十了，我们只需要按照一定的结构把它组合在一起就可以了。”王振说道。“关于课程内容的组合方式有 6 种，给你看看。”说着王振递给许静一份资料（表 3-10）。

表 3-10　教学内容建构的六种组合方式

逻辑顺序	举例
Why-What-How式	沟通的课程：沟通的重要性、沟通的定义及原理、有效沟通的5种方法
时间式	企业培训管理发展4个阶段：了解学习、引入课程、资源建设、精细发展
并列式	PPT美化提升4个方面：文字美化、颜色美化、布局美化、表格美化
空间式	礼仪规范：餐桌前的礼仪、汽车中的礼仪、电梯中的礼仪
典型场景式	情景领导力：有能力、有意愿的员工的应对及处理方法；有能力、无意愿的员工的应对及处理方法；无能力、有意愿的员工的应对及处理方法；无能力、无意愿的员工的应对及处理方法
对比式	产品知识培训：我公司产品的优点、缺点、销售通路、客户群细分等；竞争对手产品的优点、缺点、销售通路、客户群细分等

“一般来说，一个课程我们要去规划 1 ～ 3 级大纲，把 1 ～ 3 级大纲罗列之后，我们的课程框架就差不多出来了。而以上这 6 种逻辑次序的有机组合就能搭建出 1 ～ 3 级的课程框架。我给你举个例子。”王振打开一页 PPT 内容。这是一个关于卓越管理者的 5 项修炼的课程框架（表 3-11）。

表 3-11　卓越管理者的 5 项修炼的课程框架

一级大纲	二级大纲	三级大纲
高效沟通技术	沟通概论	沟通的“两个70%之说”、沟通漏斗原理图、有效倾听的“五到”
	与上司的沟通	让上司知道并请示的艺术、汇报的艺术、让上司省心、为上司分忧、提升行动力、如何处理上司不讲理、如何对待上司的越级指挥
	平行部门的沟通	常规工作的例行沟通、常规会议的例行沟通、特殊问题的专项沟通、友好往来的半正规沟通、特殊对象的书面沟通
	部门冲突解决与处理	托马斯·吉尔曼冲突处理二维模型、冲突处理策略
有效激励技术	激励认知	激励测试题、激励定义、激励的强化功能、激励的示范功能、激励之外在报酬和内在报酬
	激励原理	马斯洛需求层次论、认知对比原理、双因素理论、期望理论、XY人性理论
	非货币激励九大方略	愿景激励、赞美激励、荣誉激励、晋升激励、情感激励、培训激励、竞争激励、授权激励、娱乐餐饮激励
目标管理技术	目标达成的8个步骤	目标制定、策略研讨、计划落实、执行开展、培训辅导、过程控制、产出结果、面谈改善
教练技术	4种“才”的情景领导	哈佛人才情景领导案例分析
	教练型领导的意义	教练型领导的定义、教练型领导的6个障碍、教练型领导的意义
教练技术	教练教什么	技能：3种辅导方式的有效应用（GROW模型、RAVE模型、三明治批评法）；知识：4项准备与OJT口诀的运用；态度：巧用情景领导力提升员工意愿
团队建设技术	团队发展 4 个阶段	成立期特征及如何应对，动荡期特征及如何应对，稳定期特征及如何应对，高产期特征及如何应对

（续表）

一级大纲	二级大纲	三级大纲
团队建设技术	团队领导方式	命令式领导、教练式领导、支持式领导、授权式领导
	团队成员的4种性格分析	力量型风格、活泼型风格、完美型风格、和平型风格
	满足四型性格的40条秘方	满足力量型的10条秘方、满足活泼型的10条秘方、满足完美型的10条秘方、满足和平型的10条秘方

“所以，你看这个课程大纲的框架，一级大纲的结构是用什么逻辑关系搭建的？”王振问许静道。

“应该是并列式的。”许静回答道，“你看，高效沟通技术、有效激励技术、目标管理技术、教练技术还有团队建设技术这 5 项是平行并列的关系。”

“那你觉得目标管理技术当中的目标达成 8 步骤是属于什么逻辑关系呢？”王振问许静。

“这应该是时间流程的关系吧。”许静回答道，“因为目标制定、策略研讨、计划落实、执行开展、培训辅导、过程控制、产出结果、面谈改善这 8 个步骤是按照一定的流程在进行的，不能任意更换顺序。”

“很好。那团队建设技术中的团队发展 4 个阶段，你觉得是按照什么顺序搭建的？”王振继续问道。

“这个是不是属于典型场景式？”许静试探地回答道。

“是的，没错。因为成立期、动荡期、稳定期、高产期是团队发展的 4 个典型时期，我们就挑选这 4 个典型时期，分别来论述它们的特征及如何应对的方法。”王振解释道。

“明白了，不过这个也有点像时间式，因为成立期、动荡期、稳定期、高产期也算是团队发展的4个时间阶段。”许静说道。

“也算吧，所以这6种逻辑的划分在课程里面本身没有太明确的限定，只要能够自圆其说，或者和内容不冲突，能够论证和说明内容，就可以。”王振解释道。

“嗯，我明白了，很多时候成人教育是没有标准答案的。”许静认可道。

“来，再给你看两个例子。”说完，王振又打开了一页PPT。上面是TTT内训师培训的一个课程框架，还有另外一个是职业化练就好员工的课程框架（表3-12、表3-13）。

表3-12　TTT内训师培训的课程框架

一级大纲	二级大纲	三级大纲
找准位置：TTT职业导论	TTT核心模型的讲解	核心宗旨：有效训练助推企业成长核心观点；有限时间、有效训练
	TTT核心理念	做足准备、再求登台；开放心态、开心接受；乐于分享、善于分享
	培训的目的	从学员绩效角度解决实际问题；从学员行为角度来缩小表现差距；从学员认知角度来弥补需求缺口
	培训效果七层次	学科具备、老师掌握、准备讲授、实际讲授、学员明白、学员记住、学员做到
	培训师课堂的魅力六力	表达力、挑战力、感召力、洞察力、变通力、创新力
找准位置：TTT职业导论	卓越培训从学员需求出发	初级培训师表现与点评；卓越培训师表现与点评
固本正源：TTT专业基础	怯场化解	怕讲错怎么办、怕丢脸怎么办、怕拒绝怎么办、怕失控怎么办

（续表）

一级大纲	二级大纲	三级大纲
固本正源：TTT专业基础	压力分散法	如何把压力分散给学员、如何把压力分散给环境、如何把压力分散给内容、如何把压力分散给自己
	培训师舞台风范六法	心法、身法、手法、步法、眼发、说法
	内训师声音魅力提升方法	提升气息留存量的两种方法、声带疲劳缓解的两种方法、让表达更有弹性的6组练习
	内训师课程禁忌及形象管理	内训师课程中的4种禁忌；不轻佻、不拘泥、不怪异；与学员融为一体，与环境融为一体，与内容融为一体，与自己融为一体
情理并茂：TTT专业表达	课程三段论导入法	凤头（拉近关系、建立信任、引起兴趣、引入主题），猪肚（内涵丰富、情理并茂、有张有弛、重点突出），豹尾（总结归纳、深化理解、强化印象、激发行动）
	设计引人入胜的培训导入	拉近关系法、赞美听众法、实例故事法、提出问题法、名言佳句法
	设计余音绕梁的培训结语	赞美祝福法、寓言故事法、归纳总结法、名言佳句法、首尾呼应法
	培训素材的10个一工程	一个理论、一个故事、一次发问、一次交流、一套数据、一段视频、一段真情、一个比喻、一个排比、一首诗词
	培训互动手法的运用	故事讲授法、视频案例教学法、案例研讨教学法、结构化表达五步法、课堂组织与控场的六大手法、应对挑战的一同四转、学员肢体语言的信息反馈、4类高级反馈技巧
知行合一：TTT编导艺术	训练进程推动模型	如何做好铺垫，如何做好讲解，如何做好课程过渡
	培训行为搭配表	时间线、内容线、活动线、演示线、效果线
	PPT课件快速设计制作四步法	模板搭配，格式调整，文字输入，美化提升
	课程开发内容取向	学员取向、引导方向；学习取向、训练核心；学科取向、开发基础

（续表）

一级大纲	二级大纲	三级大纲
融会贯通：TTT职业进阶	创新说法的生动演绎	图像模型的生动演绎、表格矩阵的生动演绎、数字的生动演绎、文字的生动演绎
	常用演讲模式训练	会议主持演讲模式教导与训练；号召动员演讲模式教导与训练；获奖感言演讲模式教导与训练；开幕致辞演讲模式教导与训练；答谢致辞演讲模式教导与训练；出席酒会演讲模式教导与训练；视察工作演讲模式教导与训练；总结即兴演讲模式教导与训练；庆典、生日演讲模式教导与训练；联欢、婚礼演讲模式教导与训练
	精彩点评之道	总体印象、闪光亮点、薄弱缺点、指导示范、小组鼓励

表 3-13　职业化练就好员工的课程框架

一级大纲	二级大纲	三级大纲
好员工必懂：职业化认知篇	职业化的核心模型	职业化四化、职业化4个层次、职业化4种技能、职业化5种态度、职业化4种态度、职业化对个人的影响、职业化对企业的影响
	职业化人士的职场困惑	为什么工作中缺乏动机和激情？为什么我做事总是不能让领导满意？为什么我总是得不到领导的赏识和提拔？为什么工作很多年，却总是找不到前进的方向？如何提升职业竞争力？
	职业化烦恼两类人	企业新人：新人不具备全面的技能，遇到问题时，常常不知所措；老员工：对变革总是持不好的看法，恨不得一辈子就这样过下去，总想要稳定，不愿意接受新事物和想法，是限制其他创造力发挥的主要因素
	做事业还是做事情	干活：受累遭罪、养家糊口；工作：上班挣钱、安全保障；职业：社会地位、专业技能；事业：社会贡献、自我价值
	职业化的正确认知	职业化行为规范：职业化思想、职业化语言、职业化动作；职业化素养：职业道德、职业意识、专业心态

（续表）

一级大纲	二级大纲	三级大纲
好员工必懂：职业化认知篇	缺乏职业化对企业的影响	企业的核心员工逐渐离职、公司的客户减少、公司产品的竞争力持续下滑、企业内部供应链断裂
	职业化对个人的影响	自我角色定位；高调做事、低调做人；用心成就自己；敏感，善于抓住机会
好员工必备：职业化态度篇	职业化5种态度	诚信、敬业、责任、激情、执着
	职业化5种态度之诚信	诚信：塑造职业品牌坚守约定；不轻诺，不浮夸，承诺就要兑现立即执行；干脆、果断的行动，若不能实现诺言，及时反馈，诚心和人接触；言行一致，表里如一
	职业化5种态度之敬业	敬业：忠于你的职业，态度尊敬、崇敬，热爱自己的职业，全心投入，付出100%的努力履行职责，做事到位，负责负到底，脚踏实地，对工作保持足够的耐心
	职业化5种态度之责任	责任：你为自己工作，接受任务，关注结果，勇于认错，没有借口，分内工作，尽善尽美
	职业化5种态度之激情	激情：一切皆有可能，用正面积极的语言暗示自己；自我期许；学会感恩；择友而交
	职业化5种态度之执着	执着：坚持，永不放弃；不必惧怕，勇敢面对；相信方法总比问题多；挑战自我、超越自我；意志坚定，坚韧不拔
	职业化内涵	角色性格化、社会道德化、技能专业化、结果认同化
	职业化的4个层次	服从命令、做事专注；坚守职责、忍辱负重；讲求方法、超出期望；信念坚定、捍卫原则
好员工必学：职业化技能篇	职业化4种技能	要事先做、高效沟通、职业规划、愿景起航
	职业化4种技能之要事先做	时间管理的陷阱、时间管理四象限、高效时间管理法（勇于说不；务必守时；要巧干、不要久干；6点工作优先原则；8020法则；注意生理节奏；一次只做一件事；将外界干扰最小化）

（续表）

一级大纲	二级大纲	三级大纲
好员工必学：职业化技能篇	职业化4种技能之高效沟通	沟通的波形图；倾听五层次+倾听八大技巧；向上沟通（让老板知道、让老板省心、替老板分忧）；向下沟通（与员工达成问题共识、商讨可能的解决方案、达成一致的解决行为、监督进度和结果检查、面谈沟通和改善、过程激励和结果激励、与不同性格员工的沟通和相处之道）；平行部门沟通（一个好汉三个帮；有话好好说；多交友、不树敌；切忌锋芒毕露；多多交流与学习）
	职业化4种技能之职业规划	找到自己的职业锚，职业规划的三环模型，职业发展阶段图
	职业化4种技能之愿景起航	愿景和目标的重要性，改变从当下开始，描绘并分享自己的愿景图
	职业化的4种习惯	关注细节、忠诚管理、团队合作、精益求精
	职业化的4种习惯之关注细节	关注细节的三大标准：提供资料或信息前，能够主动通过多种途径，对其真实性进行反复检查，交叉验证，确保准确无误；对他人的工作进行检查，发现或纠正其工作中的差错和疏忽；详细考虑行为和结果的细节，并提前做好准备
	职业化的4种习惯之忠诚管理	3种忠诚度管理的解析：依赖型忠诚，通过保持下属对上级的依赖而保持彼此忠诚；结构型忠诚，通过制度结构的约束而带来的忠诚和信任；认同型忠诚，通过一种文化的认同塑造和保持的忠诚和信任
	职业化的4种习惯之团队合作	团队合作7个建议：尊重并信任团队成员；善于发现他人的优点和特长；乐于分享与帮助他人；善于倾听，能积极采纳别人意见；学会换位思考，和而不同；树立共赢的心态，牢记没人能独自成功；有全局观念，团队利益高于一切
	职业化的4种习惯之精益求精	超出领导期望：多想一点、多走一点；别只做领导告诉你做的，而做需要做的；站在领导的立场想问题成为领域专家；要么不做，要做就做最好，宁愿顶尖，不要广泛
	执行力提升	执行型人的特点：重视原则、交换结果、永不放弃；执行的三大保障：制度保障、流程保障、激励保障

“怎么样？看了两个例子之后，是不是对建构课程内容有了更深的认识？”王振问许静。

“是的，现在已经了解这个思路了。”许静回答道。

“这边呢，再给你补充两个注意点。”王振忽然想到了什么，补充说道。

许静则瞪大了眼睛准备记录王振要说的补充信息。

“第一个注意点就是这6个教学内容建构的逻辑顺序，不是只用在建构一级大纲上的，二三级大纲的建构都是靠这6个逻辑顺序做有机组合的。”王振说道，“你看了几个例子，应该有比较直观的认识。”

“是的，那请问王经理对于大纲的搭建，特别是一级大纲的搭建，选择哪种逻辑顺序有没有特别的要求？”许静问道。

“这是个好问题，我正想和你说明呢。”王振说道，“这就是我要说的第二个注意点，那就是选用不同的逻辑顺序是会影响课程内容走向的。特别是一级大纲的选择和组织上。我举个例子。”

王振走到白板前，拿起白板笔，准备给许静举个例子：“假如说你要给一些没有销售经验的门店导购上一门销售课程，请问该用什么逻辑顺序去组建一级大纲会比较好？”王振问许静。

“我想是不是时间式？从他进公司，以一个月为周期，教他每个月作为导购需要学习的知识和技能。”许静回答道。

“你这样说也有一定的道理。导购确实在每个不同的阶段需要学习的不太一样，有些公司也是这样去划分的。”王振认可道，“我这边和你说一个更多企业用到的授课结构，那就是用 Why-What-How 去组建课程内容。如我们这个销售课程，用 Why-What-How 来组建的话一般会出现哪些内容？”

“嗯，让我想想。”许静陷入了沉思，“是不是有销售的重要意义、销售应知应会的基础知识、销售的基础技能这样的课程设计和安排？”许静回答道。

“差不多吧，你说的这三块内容就是一级大纲的呈现方式，这是典型的Why-What-How的方式。销售的重要意义就是讲Why，销售应知应会的基础知识是讲What，销售的基础技能是讲How。这种课程的整体结构性和完整性比较强，内容比较全面和丰富，所以比较适合给新人或资历较浅的人学，因为他们需要全面了解一些基础知识，从头学起。”王振说道。

“是的，你这么说的话，我确实看到过很多课程都是按照这种思路去组织框架结构的，其实这也算是课程的章节目录了。”许静说道。

“是的，你说的没错！”王振说道，“那我问你，如果给一位已经有1～2年销售经验的销售人员讲解销售方面的课程，你觉得Why-What-How这个结构还适用吗？如果不适用的话，你觉得应该换做什么结构去组织一级大纲会比较好？”王振一口气问了许静两个问题。

“Why-What-How这个结构对于有经验的销售人员应该是不适用的。因为有经验的销售人员对于销售的重要性、销售流程、产品介绍等基础知识都已经了解了，同时销售技能也达到了一定的水平，这时候你给他们讲基础知识，他们会觉得太浅，没意思，因为这些之前都学过了，或者说已经掌握了，所以应该换一种结构来对他们进行讲解。那应该换什么呢？我觉得他们在日常的销售过程中，应该也会碰到很多顾客，有很多棘手的销售问题，所以我们在课程中应该以这些问题为课程设计的主体框架，通过课程教他们怎么去解决这些问题，并让他们不断地演练和练习，这样他们才能去提升。根据这个思路，应该是用典型场景式的逻辑顺序去安排一级大纲的组织。”许静对自己的回答还是挺满意的。

“是的，我们要帮助有一定销售经验的销售人员去提升他们的销售能力，就要去找到他们平时日常工作中的销售难点和问题点，以此创立场景，然后设定为课程一级大纲的内容，这样的课程对员工的帮助是最大的。例如，你可以把顾客按照年龄来划分，就变成了面对年轻顾客如何销售和异议处理、面对中年顾客如何销售和异议处理、面对老年顾客如何销售和异议处理这样 3 个典型的场景。这样的课程可能更贴合有销售经验的员工。当然我按照年龄划分只是给你举个例子，具体按照什么划分，怎么来设计场景，是按照你观察或者访谈有经验的销售人员之后来定夺的，但一定是基于他们日常的痛点来设计场景的。”王振说道。

“我明白了。所以建构内容的 6 种逻辑顺序也不能瞎用，一定要根据学员的水平来挑选，特别是一级大纲，因为它定下了整个课程的主旋律。”许静有感而发。

“是的，差不多这个意思吧。这就是我特别要提醒你的两个注意点。”王振看看表，“时间也差不多了，马上快下班了。不知不觉已经过去 3 个小时了，时间真快啊。怎么样，累不累？”王振问许静。

“累是有点累的，但是学到新东西开心啊。”许静开心地说道。

“你有收获就好啊，我就没白讲。那今天就讲到这里吧，你早点回去吧。下次什么时候上课我再通知你吧。”王振说道。

“好嘞，随叫随到哈！”许静夸张地做了个手势。

“小样，又开始调皮了。”王振笑着说。

第四讲

设计教学活动（上）

“下午好，许静。”王振走进会议室，和许静打招呼，“上次发给你的资料你看了吗？关于设计教学活动须知的 7 个心理学效应。”王振问。

设计教学活动须知的 7 个心理学效应

☞ 注意力极限效应

提到注意力，我们就会想到“全神贯注”“专心致志”“专注”“聚精会神”等词汇，这些都是注意力心理状态的体现。例如，我们专注于精彩的欧洲杯球赛，我们认真地看着一本热门小说，全神贯注地下一盘象棋，等等，这些都是注意力的一种心理现象。

注意分为有意注意和无意注意。有意注意需要强大的意志力，是有一定目的性的注意。例如，在一间教室里，别的同学下课都在休息，都在奔跑打闹，但是小明却专心地在位子上默写着新学的英文单词。无意注意则有点随波逐流，由兴趣去激发相应的注意。例如，在办公室里，小张本来在电脑上制作一份报表，听见办公室里其他同事在讨论某个明星的八卦新闻，刚好这个明星是自己喜欢的，于是她也加入了聊天闲谈的行列了。

我们一般把注意力的持续时间称为注意的稳定性。注意力集中的时间越长，注意的稳定性也就越高。一般来说，有意注意的维持时间较长，而无意注意维持的时间较短。托尼·博赞在他的著作《全脑思考》中，提到一个成年人可以带着理解去倾听的时间是 90 分钟，但是能带着吸收的能力去倾听的时间是 20 分钟。这也就意味着每 20 分钟，我们就要有一个明显形式的改变，或者授课节奏的改变。同时注意的稳定性也是非常重要的，是注意的重要品质，如果一个人注意的稳定性高，相应地，做事的成功概率也会较高。所以我们要学会控制自己，能抗干扰，让自己意志坚强，注意稳定，这样才能成就更大的事业，相反，如果一个人意志薄弱，缺乏抗干扰的能力，就无法保持长久的注意力，容易分心，导致做事效率不高。

人的注意力是有限的。在心理学中，我们把因为注意极限的因素而导致错误的现象，称为注意极限效应。举一个日常生活的例子，王丹在一家理发店上班，理发店下午上班时间客人较少。这天下午 2 点半左右，进来两位男子，看上去 40 岁左右，穿着西服。进来之后就说："我们这次过来是做人的心理素质研究的，想请你们做一个测试，而测试的结果会录入我们的电脑，成为大数据的一部分。"他们这么一说，理发店里的工作人员还是挺感兴趣的，纷纷询问测试怎么做，有什么规则。"很简单，就是写数字，写得越多，越正确，拿的奖励也就越多。”其中一个长得高点的男子说。“我来补充下。”另外一个男子说，顺手也递给大家一张“测试规则表”，“测试分几个级别，最低一级是从1写到500，如果一次性全部写对，就可以获得100元的奖励，如果写到600，就可以获得150元。最高可以获得1800元的奖金。但是如果你中间写错的话，成绩就作废了，而且要给我们相应的测试费。”王丹想也没多想，这么简单的事情，小学毕业就可以随便写到1000吧，于是她就第一个开始写。没想到只写到198，她就写错了，写成了189，于是她就交出了50元的测试费用。于是理发店的其他小姐妹都不信邪，大家纷纷上来写数字，结果写了半天，只有一个人是超过了500了，写到了513。其他的姐妹都只写了不到300就写错了。

大家会觉得这样的测试很简单，你其实也可以拿出一张纸实验一下，看自己从1开始写，可以写到多少的数字不会出错。一般来说，除非你的注意力是极好的，否则你的成绩不会比故事中的这些工作人员好多少。之所以会这样，是因为我们人的注意力是没法长时间保持稳定的，也就是说注意力的稳定性是在不断变化的。例如，你拿一个机械表放在耳朵边上听，你一会儿听到手表的声音大，一会儿声音小，一会儿可能听不到声音了。这不是代表手表坏了，而是你的注意力在起伏，当你专注时声音就大，走神了，声音就小，甚至没有了。这个实验就代表了注意的不稳定性。注意起伏的一个周期包括一个正时相和一个负时相。正时相表现为感受性的提高，感觉到有刺激或刺激增强，负时相表现为感受性的降低。每一次起伏周期历时8～10秒，个别人的差异较大。

同时注意力的稳定性还与个体对所从事事情的兴趣、个体的精神状态、个体的投入度等都有关系。如果一件能做的事情刚好是你喜欢做的，同时投入度很高，精神状态也不错，那么你的注意力的稳定性就会维持一定的时间，如玩游戏。反之，注意就难以持久。在上述例子中，大家会觉得写数字很简单，殊不知，写数字是一项非常枯燥乏味的事情，是很容易造成心理疲劳的，同时边上还有旁人在场造成干扰等因素，这些都会造成数字写错。

那么，在成人教育中，我们应该如何避免注意力极限效应发生呢？

第一，运用教学中的90/20/8原则，即一般授课的模块不要超过90分钟，每20分钟就要变换一次主题或是活动的方式，每8分钟就要调动学员一次。这样可以确保学员注意力的稳定性，不至于走神。

第二，对于一些应知应会的基础知识，对学员来说比较枯燥乏味的内容，可以提前发给学员，作为自学材料，上课时间则用来做答疑或演练点评。

第三，可制作一些3～10分钟的微课，微课适应移动学习的需要，有效避免注意力极限效应，以提高学员的学习质量。

☞ 德西效应

心理学家爱德华·德西在1971年做了一个实验。在试验中，他让大学生在实验室里解答一些有趣的智力难题。实验分为3个阶段：在第1个阶段，所有参与实验的人员都无奖励；第2个阶段，将被试者分为两组，A组的被试者在解答一个难题成功后能够获得1美元的奖励，而B组的规则还是和第一阶段一样；第3阶段为休息时间，被试者可以在原地自由活动，但是测验并没有停止，以在休息时他们是否去解题作为是否喜爱这项活动的程度指标。

经过试验，德西发现一个有趣的现象。A组的被试者在第2阶段做得确实很卖力，而在第3阶段其继续解答题目的人就很少了，说明他们的兴趣和努力程度正在减弱。而B组的被试者则有很多人在休息的时间也在继续解题，说明其兴趣与努力程度正在增强。这个结果表明，当一个人在从事一件非常愉快的事情时，如果你提供了外部的物质奖励，反而会减少这项活动对参与者的吸引力。例如，你的授课内容对学员来说很有吸引力，同时学员也很积极地参与，态度也不错，这时候你作为老师说："如果各位表现好，我会给相应的小组加分，得分最多的小组可以获得相应的奖品。"这就可能让学员只是为了分数和奖品而配合老师做互动和回答问题，如果没有分数和奖品他们的积极性反而就下降了。

这说明，当一个人进行一项愉快的活动时，给他提供奖励，反而会减少这项活动带给他的内在吸引力。也就是说在某些情况下，外在刺激和内在刺激同时指向一个活动时，不但不会激发个体的工作意愿和积极性，反而起到了削弱的作用。这就是著名的"德西效应"。

著名的教育学家苏霍姆林斯基说过："如果你只指望表面看得见的刺激来激发学生的兴趣，那就永远也培养不出学生对脑力劳动的真正热爱。要力求使学生亲自发现兴趣的源泉，使他们在这种发现中感到自己付出劳动并取得了进步。这本身就是一个最重要的兴趣来源。"因此在学习中，要处理好内在刺激与外在刺激的关系，处理好精神鼓励和物质鼓励的关系，以避免"德西效应"的发生，在教学中有几点建议。

第一，尽量让课程变得有趣，能够吸引学员参与，让学员在快乐中学习。用内在刺激激发学员的学习积极性。

第二，可适当加入一些物质激励，即外在刺激，但是起到辅助作用，更多应以精神激励、内在刺激为主。比如学员回答问题之后老师的赞美及反馈，给优秀学员的掌声鼓励，让学员达成目标或完成任务的成就感，等等。

☞ 蔡加尼克效应

蔡加尼克效应是格式塔学派心理学家勒温的弟子蔡加尼克于 1972 年发现的一种记忆现象。他做了一个实验，在实验中，他让参与实验的人去做 22 种工作。其中有些工作让被试者完成，有些工作则让被试者中途停止，接着去做其他工作。22 次工作中，完成的工作和未完成的工作是平均的，即都为 11 次。在每次被试者完成实验之后，蔡加尼克就会要求被试者回忆所做过工作的名称。结果蔡加尼克发现，绝大多数被试者对那些中途停止、没有完成的工作反而记忆犹新，而对那些完成的工作反而印象不是很深刻。这种记忆的现象就叫作蔡加尼克效应。那为什么会出现这样的现象呢？有以下几个原因。

（1）前摄抑制的影响

前摄抑制是指先发生的学习材料对后面发生的学习材料的干扰作用，也就是事前对事后产生的影响。倒摄抑制是指后面做的事对前面已做事情的干扰作用。因为工作被中止了，所以只有发生前摄抑制，没有所谓的倒摄抑制，所以对被试者来说，记忆受干扰的要素也会减少。而一项工作完成之后，不仅有前摄抑制，还有倒摄抑制，这样的记忆受两种抑制的双重影响，故记忆的效果会差些。

（2）对中止工作的期待

对于已经完成的事情，人们一般会觉得已经了解此事，就不会太放在心上，因此不会有太强烈的记忆动机。就如完形心理学所强调的，做完的事就心理而言已经是完形的，它就不会有像未完形的那种强烈要求完形的心理动机，因此就较难回忆。而未完成的工作，人们总有一个完形的美好想法，希望工作能够圆满完成，因此在大脑里会长时间地活跃着这样一个信息，使人在回忆时能够快速地搜索和找到，从而产生蔡加尼克效应。

（3）与中止工作的性质有关

一般来说，在面对工作难度越大的工作时，被试者的思维会越活跃，这种强化在短时间得到快速放大，而强化对增强是有促进作用的。因此，这样性质的工作被中止后容易被记忆。同时，当难度较大时，人们的情绪起伏也是比较大的，而心理学研究证明，情绪对回忆也是有一定帮助的，即情绪记忆的效果也是不错的。

那我们现在说的蔡加尼克效应和教师教学有什么关系呢？因为现在社会有很多老师喜欢做单向讲解，不断地讲授内容，但是很多时候可能是他讲到哪儿，学员就忘到哪儿。因此当老师了解和明白了蔡加尼克效应之后，就不会滔滔不绝、应接不暇地传递内容了。这里给大家一些活用蔡加尼克效应让课程“戛然而止”的方法。

第一，当讲到了一些课程中的关键内容点，而这些内容点对学员来说是很重要的，是他们需要掌握或运用的。这时候老师可以停止单向传授的方式，而是采取讲变为问的方法，把关键的内容点设置几个问题，让学员思考，甚至可以采取讨论的形式，让学员自己通过头脑风暴、群策群力等方法得出属于自己的看法和理解，这样的学习对学员来说印象是最深的。因为情绪的增强有助于大脑的记忆。

第二，在讲到关键内容点时，老师可以停止讲解。当老师由讲授模式突然变为静止模式，学员都会很好奇，而当学员好奇之后，就能吸引他的注意力，认真听讲的学员会思考老师暂停的目的是什么。而当时未注意听讲的学员则会问旁边的同学刚才老师讲的是啥内容，为什么会突然暂停。这样的方式就能把学员的注意力快速集中到课堂上，老师就可以接着讲解重点内容了。

第三，当讲到关键内容点时，也可以采用变换教学模式的方法来增强学员的记忆和印象。讲授到关键内容点时，停止讲解，例如，给大家看一段视频，让大家讨论分享视频与关键内容的关联性是什么，或者给大家做个游戏，探讨游戏背后带出的道理和启示是什么，或者来一个角色扮演，让大家体验之后得出仅靠听讲不能得到的感觉。

☞ 超限效应

著名作家马克・吐温有一次在教堂听牧师演讲。一开始，他觉得牧师讲得很好，他很感动，就准备听完以后捐款，并掏出自己所有的钱。可是过了 10 分钟，牧师还没有讲完，马克・吐温有点不耐烦了，就决定只捐赠一些零钱。又过了 10 分钟，牧师还没有讲完，马克・吐温很不满意，马上决定 1 分钱都不捐了。等到牧师终于结束了长篇的演讲开始募捐时，马克・吐温因为非常生气，非但没有捐钱，反而在走的时候从盘子里拿了 2 元钱。

马克・吐温为什么会从一开始迫切想捐钱，想把钱全部捐赠出来，但到最后非常气愤，1 分钱都不想娟，甚至在走的时候还拿走钱？显然是因为牧师讲的时间太久了。即使牧师讲得多么动听，多么感人，但若是一而再再而三地反复强调，唠叨个不停，也会让人心烦意乱，内心焦虑。这种因刺激过多、过强或持续作用的时间过长所引起的心理极不耐烦或逆反的心理，我们把它叫作超限效应。超限效应的产生有以下几个原因。

（1）心理学认为适当的刺激可以增强积极的心理活动，但是，过犹如不及，过多的强化反而会增加消极的心理反应。心理学家米勒曾经做过这样的一个实验。在大学宿舍的过道墙上贴了一些艺术画，每隔 15 英尺（4.57 米）贴 1 张，共贴了 30 张，贴了 2 天的时间。后来他在同样的地方每隔 5 英尺（1.5 米）贴一张艺术画，共贴了 100 张，贴了 3 天时间。结果发现，第一次贴的艺术画更受到学生的喜爱。而第二次因为贴的艺术画过多之后，反而削弱了大家的喜爱。所以过多的刺激也会产生超限效应，因为这让人厌烦。

（2）根据耶克斯 · 道森定律，中等强度的刺激唤醒产生的功效是最大的。反之，过强刺激的功效并不一定是最大的，而有可能是最低的。主要原因是过强的刺激唤起的动机水平过高，使人处于高度的紧张状态，因而会出现焦虑厌烦的症状，会出现超限效应。

（3）同时，刺激时间过长，也会引起超限效应。因为刺激时间过长，大脑皮层神经细胞的兴奋性会降低或进入抑制状态，借以保护脑细胞，使其免受损伤。所以刺激时间过长不但不会引起神经细胞的兴奋，反而会使得神经细胞得到抑制。

超限效应在教学中的使用主要有以下 3 个方面。

第一，授课的集中时间不宜过长，授课集中时间过长犯了上述刺激过多和时间过长的大忌。这样非但起到的效果不好，反而让学员怨声载道，产生抵触情绪。即使授课时间偏长，也要安排一定的活动，让学员的机能得到放松和休息，否则得不偿失。

第二，表扬不要太多，尤其是廉价的赞美。人都喜欢听好话，喜欢别人表扬自己。于是很多老师也喜欢在课堂表扬学员，借此让学员更配合授课，更积极表现，但凡事都有个度，如果一个劲儿地夸奖学员，反而让学员觉得夸奖的含金量不高，让学员觉得老师是在讨好自己，是在催眠和忽悠自己。这样的赞美就像在搞批发，价值不高，也会容易引起超限效应。

第三，批评不要太多。老师希望学员成长，所以很多时候会提出一些批评建议，从出发点来看，是为学员好，学员也是会接受的。但是批评也不要过多，一般说一次就够了。如果你对着学员的错误一直穷追不舍，就会让学员厌烦，产生抗拒心理，出现超限效应。

☞7±2 法则

7±2 法则是美国心理学家米勒教授在 1956 年的论文《神奇的数字 7 加减 2：我们加工信息能力的某些限制》中正式提出的。日常生活中很多现象的发生，其实都和 7±2 法则都有关系。比如你坐在车子上，看到车窗外有个广告，你看到了上面的 11 位手机号码，然后赶紧拨打电话，当电话打完之后，你已经想不起来刚刚所拨打的号码了。比如，你去超市购物，这次你没有给自己列清单，你心里想着要买 10 样东西的，但是你从超市结账出来，发现自己只买了 3～5 样，其他几样东西怎么也想不起来了。再比如说让你在不用上网查找的情况下，说出你所知道的手表品牌，一般的人也就大概写 5～9 个，一般很少超过 10 个的，除非你是专业做手表的。

很早以前大家就已经对类似的现象有了注意，1871 年英国经济学家和逻辑学家威廉·杰沃斯说，当别人往盆子里掷土豆时候，如果掷上 3～4 个，他从来没有数错过；如果是 5 个，就可能出错；如果是 10 个，错误的概率就提高到一半；如果是 15 个，他几乎每次都错。

接下来我们来做个有趣的实验。现在找一个伙伴，你们组成两人小组。

一个人读出下面的数字，另一个人认真听并努力记住所听到的数字，然后把数字按照听到的顺序写在本子上，看看最多能记住多少个数字。对于念数字的伙伴，我们有相应的要求。念数字的时候音调要统一，不能变换音调，同时读2个数字的时候，中间的时间间隔控制在1秒钟左右，不能太快也不能太慢，1秒钟如果不好把握的话，可以在念完一个数字之后在心里默念一遍自己的名字，然后再念下一个数字，这样的节奏就可以了。比如你要念3952这个数字，你就先念3，然后在心里默念自己的名字；然后念9，然后在心里默念自己的名字；再念5，再在心里默念自己的名字；最后念2，这样就可以了。念数字的伙伴需要由上往下念，即由数字少的念到数字多的。记的人一定要等念完一串数字后才能动手把记住的数字按顺序写出来，每两串长度一样的数字都能记住才能进入下一个难度的数字记忆，直到这位伙伴对某一长度的数字不能完全记住为止。通过这个方法，我们就能知道他的短时记忆广度了。

（以下“-”代表间隔1秒）

5-4-1

2-6-3

6-4-8-3

7-5-6-9

8-5-6-1-7

0-6-5-1-9

1-7-0-6-3-8

3-9-6-4-7-2

4-8-7-2-1-9-8

6-0-8-2-9-6-7

2-1-7-8-6-3-9-5

5-9-8-1-7-3-7-1

6-2-5-9-1-2-7-3-5

7-2-7-1-9-3-2-0-5

5-3-7-2-0-7-1-9-2-7

4-9-2-6-1-5-3-0-8-2

3-5-7-3-0-7-1-2-5-6-5

7-1-2-0-8-3-7-6-4-0-3

8-0-1-2-6-4-0-5-8-6-7-7

1-9-5-9-6-8-6-0-7-8-9-3

2-8-9-6-1-4-0-9-3-6-1-2-5

5-2-0-1-8-4-6-5-8-4-0-4-4

怎么样？经过试验之后，你能记住多少数字？一般我们经过统计，假设你的记忆力是一般人的正常水平，你可能回忆数字的数量是 5 ～ 9 个，即 7±2 个。这就是我们所说的 7±2 法则。这个法则告诉我们：我们的头脑能够同时加工约 7 个单位的信息，短时记忆的容量约为 7。

那在现实教学中，我们应该如何来运用 7±2 法则呢？

（1）教学内容不要过多。一般是由课程目录来指引老师教学，课程目录不要过多，一般 5 个以内为宜。如果有 10 个课程目录，应该把课程目录做整理和归类，合并成 5 个以内的目录，这样方便学员记忆，否则目录章节太多，学员没法消化吸收，容易认知超载。

比如有一个团队建设的课程，它的课程目录原来是这样的，如图 4-1

所示。

目录

（一）团队的定义

（二）团队的7个特征

（三）团队发展的4个阶段

（四）团队的角色定位

（五）团队的建设原则

（六）团队冲突

（七）案例分析

（八）结束语

图 4-1　团队建设课程目录 1

这样的目录章节太多，虽然还是在 9 个以内，但是也不方便学员记忆。所以我们可以把它做一些整合和修改。修改之后就只有 4 个章节，如图 4-2 所示。

目录

（一）团队认知

（二）团队管理

（三）学以致用

（四）总结分享

图 4-2　团队建设课程目录 2

4 个目录章节就把原来的 9 个目录章节做了归类和整理。把团队的定义、团队的 7 个特征、团队发展的 4 个阶段这 3 个章节归类至团队认知这个大章节中。把团队的角色定位、团队的建设原则、团队冲突归类至团队管理这个章节中。案例分析变为学以致用，结束语则转变为总结分享的章节。这样 4 个目录章节就比较方便学员记忆，对短时记忆的挑战也不会太大。

（2）对教学内容的分类和整理。有的时候，教学内容点也会出现分类过多的现象，所以我们应该对短时记忆中的信息单元做“组块”处理，通过“组块”处理后把信息量控制在 7±2 之内。举个例子，以下是某位老师提到优秀的内训师所要做的 16 项修炼，如图 4-3 所示。

讲师16项修炼

•厚德谦卑	•传道授业
•团队合作	•服务意识
•知识管理	•问题解决
•工具方法	•行业知识
•流程规范	•知行合一
•事物管理	•学习能力
•信息收集	•呈现能力
•学无止尽	•技术理论

图 4-3　优秀讲师的 16 项修炼

这些修炼的项目确实挺好的，但是因为点太多了，学员根本记不住，可能老师讲到第 16 个的时候，学员忘记前面的 8 个了。所以我们得给信息做“组块”处理，以下是做“组块”处理之后的结果。

通过“组块”的处理之后，我们把 16 项修炼组合成了 4 项修炼，每项修炼里面分为 4 个小点。这样就把无序、随机的信息变成了有序、既定的信息了，如图 4-4 所示。

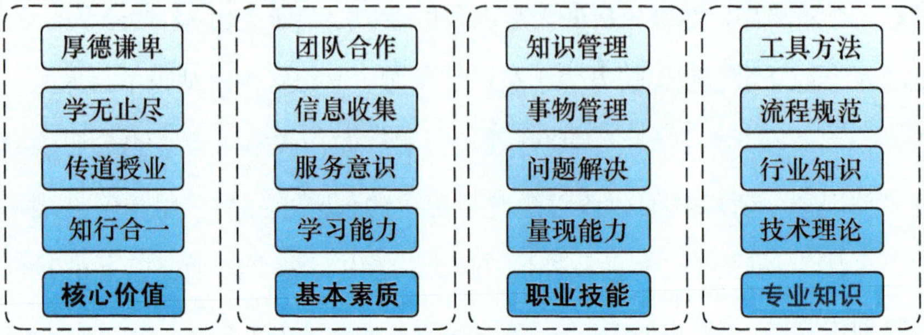

图 4-4　优秀讲师的 4 项修炼

☞ 系列位置效应

在一个内训师的课堂上，老师和学员在做着一个互动的小游戏。

“这样，各位学员拿出一张纸，待会儿我会说 20 个词汇，等我全部说完之后，大家往纸上写。记住，是等我全部说完，再写；而不是我说一个写一个，大家记住了吗？”老师问学员。

“记住了，老师你说吧。”学员回应着。

“好，我开始说了，大家认真听。”老师停顿了一下，开始说道，“白板笔、桌子、投影仪、白板擦、枕头、床单、方向盘、灯泡、学员手册、白板、电脑、桌子、椅子、投影幕布、大白纸、音箱、麦克风、圆珠笔、窗户、天花板。好，我现在已经说完了，但是你现在还不能写，只能等我说开始，你才能写。因为你得听我的指令。这 20 个词汇说得比较乱，有教室内的，也有教室外的。所以能不能记住，就靠各位的记忆能力了。我们这次是要 PK 加分的，你每回忆出一个词就代表可以得一分。好，那现在大家开始写吧。”老师说道。

好不容易，听到老师说可以写字了，大家开始在纸上奋笔疾书，但是很多学员一开始还写得挺快的，但是写了 3 ～ 5 个之后，就怎么也想不起来后面的是什么，于是纷纷抓耳挠腮想后面的是什么。

老师看到了大家的犹豫，说道：“没事的，各位，如果中间的记不起来就赶紧写最后的几个，多写一个就多给一分，还有 15 秒时间，大家抓紧。”老师提醒着。

于是学员纷纷开始写后面的几个，大家发现最后的几个词汇回忆起来还是比较轻松的，不像中间的词汇那样回忆起来那么痛苦。

“好，现在时间到了，我们来回顾一下刚刚的词汇，也请我的助理帮大家统计一下分数。来，第一个词汇是什么？”老师问道。

“白板笔！”大家异口同声地说道。

“第二个呢？”老师又问。

“桌子。”学员回答道。

“第三个呢？”老师又问。

“投影仪。”学员回答道。

“第四个呢？”老师又问。

“白板擦。”学员回答道，但可以听出来这次的声音明显比前面几个的回答要轻了很多。

“第五个呢？”老师又问。

“枕头。”学员回答道，但这次只有寥寥几个回答出来的。

“第六个有谁知道的？”老师环顾教室问道。

等了好半天，才有个学员举手回答道：“老师，是不是床单？”

“对的，你非常棒！”老师给出了表扬。

老师继续往下问，结果中间的那些词汇只有很少几个人能够记住，甚至有些词汇一个学员都没记住了。很快，老师带领大家回忆到了最后的几个词汇。

“来，第十八个词汇是什么呢？”老师问道。

“圆珠笔。”学员异口同声地说道。

“第十九个呢？”老师又问。

“窗户。”学员回答道。

“第二十个呢？”老师又问。

“天花板。”学员回答道。

对于上面的场景，各位读者是否有似曾相识的感觉，为什么大家对中间的词汇记忆明显缺失，而对于开头和结尾的词汇却能够较精准地记住？根据心理学家的研究发现，学习材料的位置和顺序对记忆效果有重要的影响。也就是说最先学习的和最后学习的词汇的回忆成绩会比较好，而一般来说中间部分的词汇回忆成绩较差，绘出的曲线图如图4-5所示。

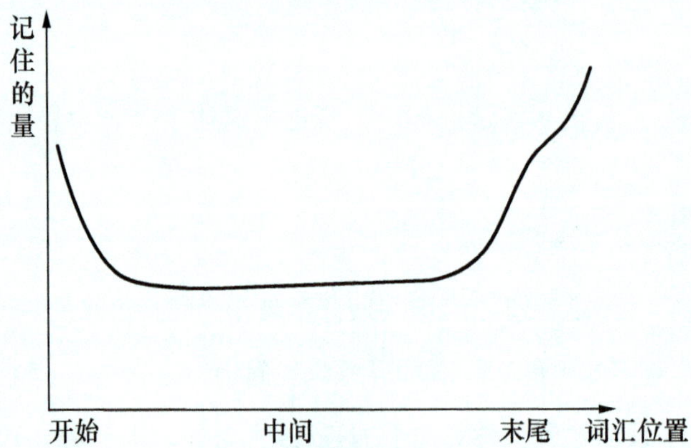

图4-5　系列位置效应图示

心理学家把这种现象称为系列位置效应。开始部分比较好的记忆成绩称为首因效应，结尾部分记忆成绩较好的称为近因效应。

那我们在教学活动中应该怎样运用系列位置效应呢？

（1）在开头和收尾部分做好教学设计。既然系列位置效应告诉我们人们对内容记忆有首因效应和近因效应。因此我们要对开场做精心的设计和安排，让学员能够对课程感兴趣；对收尾也可以安排一些学员复习之类的教学活动，这样通过老师的引导，学员能够记住更多课程的关键内容和信息。

（2）课程也可以从中间开始。不一定每次课程都要从头进行，有些关键内容在中间的位置，我们也可以从中间位置开始，把这个作为首因，这样不至于只记得开头和收尾的内容，而忘记了中间的部分。

☞ 艾宾浩斯遗忘曲线

人的大脑是一个记忆的宝库，人脑经历过的事物、思考过的问题、体验过的情感和情绪、练习过的动作等，都有可能成为人们记忆的内容。比如我们新学的一个知识点、最近看过的书、看过的电视节目等。但要保持记忆就比较难了，因为我们大脑会有一个遗忘的过程。

我们想保持记忆，但却会有遗忘这个矛盾体。什么是遗忘呢？遗忘就是你的记忆内容不能保持或者提取有困难时就是遗忘。例如，我记忆过的内容，在一定条件下没法再认和回忆的，或者再认和回忆的时候发生了错误。

遗忘一般分为 4 种情况。能再认但不能回忆的叫不完全遗忘。例如，我们看书的时候觉得书很有意思，很有感觉，但是合上书之后，却不能回忆出里面的很多内容，或者我们考试前看了一些书，觉得都记住了，但是考试的时候就是迟迟下不了笔。不能再认也不能回忆的叫完全遗忘。有些人患了失忆症，连自己身边的亲人都不记得了。一时不能再认或回忆的叫临时性遗忘。我们有的时候要上台讲话，在下面已经把稿子都准备好了，也试着讲了几遍，但是上台之后就想不起来要讲啥，可是一下台就想起来了讲话的内容，这就叫临时性遗忘。永久不能再认或回忆的叫永久性遗忘。在我们人生的几十年时间中，永久性遗忘也会时常发生，小时候发生的一些事情，等我们长大之后就记不起来了，这便是永久性遗忘了。所以现在有些家长会在家里摆个摄像机，把小孩子的日常都拍下来，留作纪念。

德国著名的心理学家艾宾浩斯最早研究了遗忘的发展进程，他创造了一些无意义的音节，如 zup、rif、bik 等，使用这些音节作为记忆材料，这样可以避免人在记忆过程中受过去知识和经验的影响，同时也避免了联想记忆的干扰。艾宾浩斯将几个无意义的音节排成一列，让参加实验的人反复学习这些无意义的音节，直到能够将音节的排列顺序完全记住，并记录完全记住所用的学习次数，然后有计划地让他们在某分段时间后回忆学习过的这些音节，看看还记得多少。如果实验者无法完全回忆无意义的音节，他就让他们重新学习，直到能够再次完全回忆为止。这样，通过一定的算法，艾宾浩斯得到了遗忘的进程表，如表 4-1 所示。

表 4-1　遗忘的进程表

次序	时间间隔（小时）	保持的百分比	遗忘的百分比
1	0.33	58.2	41.8
2	1	44.3	55.8
3	8.8	35.8	64.2
4	24	33.7	66.3
5	48	27.8	72.2
6	144	25.4	74.6
7	744	21.1	78.9

从表 4-1 中我们可以看出，遗忘在学习之后立刻就产生了，而且遗忘的过程在开始的时候进展得很快，以后就逐渐变慢了。例如，第一个数字，在学习 20 分钟之后，遗忘就高达了 41.8%。而在学习 31 天之后，遗忘仅仅达到 78.9%。根据这个研究，他认为“保持和遗忘是时间的函数”，并将实验的结构绘成了曲线，这就是著名的艾宾浩斯遗忘曲线（图 4-6）。图中的纵轴代表学习中记住的知识数量，横轴代表时间，曲线表示记忆量变化的规律。

这条曲线告诉人们，学习中的遗忘是有规律的，即遵循着“先快后慢”的原则，这个规律就是在记忆的最初阶段遗忘的速度最快，后来就逐渐减慢了，到了相当长的时间后，几乎就不再遗忘了。观察这条遗忘曲线，你会发现，学得的知识如不抓紧复习，在 1 天后就只剩下了原来的 25%，随着时间的推移，遗忘的速度减慢，遗忘的数量也会减少。

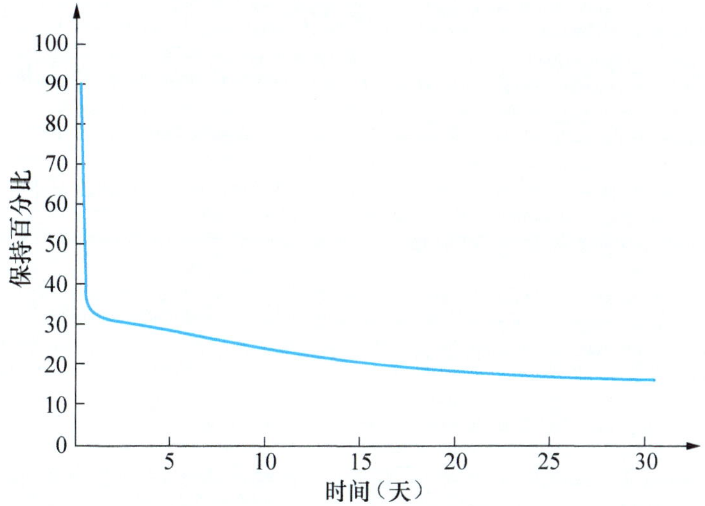

图 4-6　艾宾浩斯遗忘曲线

同时，艾宾浩斯还在记忆的实验中发现，记住 12 个无意义的音节，大概平均需要重复 16.5 次；记住 36 个无意义音节，需重复 54 次；而记忆

6 首诗词中的 480 个音节，平均只需要重复 8 次！这个实验告诉我们，理解的知识有助于记忆，且记忆得比较迅速和牢固，而死记硬背是吃力不讨好的，同时回忆起来也挺费力的。

那在学习中应该如何规避遗忘曲线呢？

（1）要多复习和回顾。 俄罗斯伟大的教育学家乌申斯基曾经说：“不要等墙倒塌了再来造墙。”这句话生动地描述了遗忘曲线的精髓，就是要及时复习。因为学员在学习之后的 1 小时可以遗忘一半多的内容，因此我们要加大在学习后复习和回顾的频率，不断用各种方法巩固学员所学，加强记忆。不仅在课堂上复习，在课后也要多复习几次，同时复习的时间间隔可以逐渐增加。例如，学习的第 1 天可进行复习，3 天后再复习 1 次，1 周后再复习一次，总之，就是要在发生遗忘的时刻前及时复习，避免遗忘。

（2）让内容之间产生关联，方便记忆。 在上面提到，人们对于彼此之间有关联、有联系的知识更易于掌握和记忆，所以老师要确保讲课的授课逻辑，要让内容之间有上下衔接关系，或者有内容递进等方面的衔接关系，这样的方式能够辅助学员记忆。因为随着我们的年龄增长，我们的记忆能力慢慢变差，而理解能力却慢慢增强，同时当我们理解之后，很长一段时间我们都不会遗忘，因为这些知识已经内化为我们知识体系的一部分了。因此老师一定要创设一定的条件让学员去理解知识点，而不是靠死记硬背。

“看了。”许静开心地说道，“就是关于第二个心理学效应——德西效应。我挺感兴趣的，因为我以前一直觉得外在刺激越多，学员应该会更努力，现在知道了，如果学员对某件事情如果本来就感兴趣，过多的外部刺激反而会削弱学员的积极性。”

“是的，有的时候过犹不及嘛。既然你感兴趣，那对于这块内容，我就给你多讲点。”王振爽快地说道，“关于德西效应，我们也可以说是动机原则。动机分为内生动机和外驱动机。人们因为自身原因、享受快乐、获得学习机会或体验成就感而从事某种活动时候，就是内生动机在起作用。也就是说在内生动机的作用下，人们享受的是行动的过程，而不是行动的结果。外驱动机则是人们寻求获得与行为不直接相关的东西，这时的动机不是由内而外的，而是外在的，是由外部支配的。”

“恩，而且内生动机会持续得更加长久。”许静说道。

“关于动机方面，约翰·凯勒在1984年提出了一个学习者动机的ARCS模型。这个模型是4个英文单词的缩写，分别是A（Attention，注意）、R（Relevance，相关）、C（Confidence，自信）、S（Satisfaction，满足）。也就是说凯勒是把如何激发学习者的意愿作为一项序列的过程来看待的。他认为在教学中应该首先能够吸引学员的注意，学员很多时候参与课程是无目的的，不知道要干吗。所以要第一时间让他知道他为什么要学这个，学这个对他有什么好处？同时还要确保学员所学的与他工作的相关性和紧密性，就像我们之前说的，基于岗位任务或岗位职责做分析的课程可以更好地帮助学员实现技能的迁移。并且如果课程难度太大，比学员目前水平高出很多，学员虽然付出了巨大的努力，但收效甚微，积极性也是会打折扣的。还要让学员在课程中产生满足感，让他感觉自己在成长进步，同时让他有机会运用所学去解决问题，帮助自己提升能力。下面我把这4点给你详细做个说明。”说着，王振打开了电脑和投影仪。

“ARCS模型中，我们要做的第一点是‘A吸引注意’。关于这一点，我先给你看两段视频。一段视频来自一部比较经典的电影，叫《死亡诗社》。另一段视频来自于一部范伟主演的电影，叫《追踪孔令学》。一边看，你一边思考一下，两位老师在吸引学员注意上谁优谁劣，分别做了什么？”说着王振打开了第一段视频。

第一段视频梗概如下。

老师：“各位请翻到课本21页导论。培瑞先生，请念前言的第一段。标题是‘了解诗’。”

培瑞：“了解诗，作者伊凡·斯普理查博士。要完全了解诗，首先要熟悉诗的韵律、押韵和修辞。然后再问两个问题：诗如何技巧地呈现其客观性？其客观性有多重要？问题一是衡量诗的完美程度，问题二是衡量其重要性。只要回答这两个问题，决定诗的伟大程度相对便成了简单的事。若以诗的完美程度为横轴，其重要性为纵轴，那么计算其所占的面积便可得到它的伟大的分数。一首拜伦的十四行诗，或许在纵轴上的得分很高，但在横轴上得分普通。而莎士比亚的十四行诗，在横、纵轴的得分都很高，因而得到极大的总面积，故显示这首诗真正的伟大。当你往下研读本书的诗时，多演练这个评量方法，随着你评估诗的能力提高，你将更能欣赏和了解诗。”

老师：“鬼话！这是我对伊凡·斯普理查的看法。我们不是在装水管，我们谈论的是诗。你怎么能像音乐比赛般描述诗呢？我喜欢拜伦，我给他42分。但是我不能随他的音乐起舞。现在我要你们将那一页撕下来。动手啊！将整页撕掉。你们听到了吗？撕掉，撕掉！快点，撕掉！”

于是学员开始把导论的这页介绍从书本上撕掉。

老师：“各位，不只是那一页，而是撕掉整个导论。我要它消失，成为历史。一无所剩，撕掉！撕！学术之军才需要去评量诗。不！我们这儿绝不如此，不再有伊凡·斯普理查先生的干扰。在我的课堂上，我们将学习如何独立思考，你们将学会品尝文字与语言。不论他人如何告诉你，文字与思想能改变世界。我要告诉你们一个秘密，请大家靠过来，靠过来！”

于是学员全部围拢在老师的周围。

老师：“我们读诗写诗，不是因为它的灵巧。我们读诗写诗，因为我们是人类的一员，而人类充满了热情。医药、法律、商业、工程这些都是高贵的理想，并且是维生的必需条件，但是诗：美、浪漫、爱，这些才是我们生存的原因。引用惠特曼的诗：‘啊！我，这个问题不断重演的生命，在充满无信者的绵延车厢中，在充满愚人的城市之中，身处其中的意义何在？啊，我！啊，生命！’答案是，你在这儿！使生命存在，使其有一致性。使整个强而有力的戏演下去，而你能贡献出一篇诗歌。你的诗歌内容会是什么？”

学员的眼神中充满了对诗歌的渴望，满怀期待地看着老师，深深地被他的意境所吸引。

“好，看完了第一段，我再给你放第二段。”说着王振打开了第二段视频。

第二段视频梗概如下。

老师站在讲台上拿着课本朗读课文给全班同学听：“山，朗润起来了。水，涨起来了。太阳的脸红起来了。小草偷偷地从土里钻出来，嫩嫩的，绿绿的，院子里，田野里。瞧去一大片一大片……”

老师看到有位女学员上课用耳机在听音乐，于是就一边念课文，一边走到那位女学员边上，在抽屉里拿出了手机，在和女同学的争抢中，手机掉在了地上。

老师：“站起来！”

女学员："你先捡起来。"

老师在地上拿起手机，把音乐关上，又把手机放回地上。

老师："你这是和谁说话呢？和你父母也是这样说话吗？这么少家教吗？"

女学员看了一眼老师，说："有病。"

老师："什么？你站起来，站起来，站起来！"

老师用手去扶女学员让她站起来，但却被女学员在反抗中不小心打到了脸。

老师："是你出去，还是我出去？好，我们没有权利影响别人的学习，坐下吧。"

接着老师继续念着课文，并把手机暂时没收了。

"两段视频看完了。许静，来，说说你的想法吧。"王振鼓励许静道。

"第一部电影我很早之前好像看过，但是印象不深了。我觉得这个老师很厉害，他能在课程开场的时候不走寻常路，用非常规的方法去激发学员对内容进行不同理解的热情，并对诗产生兴趣。让学员了解学习背后能够带给他们的是什么，而不是不假思索地照单全收。"许静回答道，"另外范伟这部电影我倒没看过，不过看着也挺有意思的，我准备下了课去看看。我觉得这种方式是比较有中国特色吧，老师在上面讲得比较多，学员在下面是听为主，一方面非常被动，另一方面内容是否是学员想听的也无从得知。所以才会出现视频中那位女学员听音乐的场景。虽然这种行为是不对的，不过和老师没有激发学员兴趣和学习动力也是有关系的。"

"是的，任何事物都是靠比较的。如果我们能有更多愿意启发学生、愿意去引导学生的老师，那我们的教学质量一定会有一个质的飞跃。"王振说道。

"是的，这个我同意。"许静认可道。

“所以激发兴趣就是要去激发学员的好奇心，让学员对课程感兴趣，了解课程对他的价值和意义。我去年给你讲授课技巧的时候，教过你一些自我介绍的方法，或者是一些课程开场白的方法，都是属于激发兴趣的内容。因为很多时候学员都很忙，大家能参加面授课程不容易。因此会有很多情况是，学员急匆匆地拿个本子来到课堂，还不知道今天要学啥，也不知道自己能从课程里面学到什么，脑子里只是一味地想着工作。如果这时候授课老师没有在课程一开始就吸引学员的注意力，告诉其可以在课程中学到什么，以及会有哪些内容安排、大概的时间走向，可能学员就会用脚投票。”

“确实是这样的，如果没法吸引学员的兴趣，学员是很容易玩手机的，特别是年轻的一代。”许静深有感触地说。

“嗯。你有感触就好。接下来给你说说 ARCS 模型的第二点‘R 促进相关’。促进相关就是要确保学员学习的内容与其生活或工作带来的利益价值关联度的大小。如果学习者认为学习的内容与他的生活或工作的关联度不大，那么他的积极性是不高的，是不愿意投入时间学习的。反之，如果学习的内容对学习者的晋升或加薪或前途影响很大，学员也有可能会因为太在乎，而让自己产生焦虑和过度紧张的心情。所以以上两种情况都不太好，因此我们要确保所授内容对学员的发展是较重要的，也能对他产生一定的价值，这样的关联度才算是合适的。”王振解释道。

“这个倒是很新鲜，打破了我之前的观点。我一直以为课程授课价值越大，相关度越高越好，现在才发现，一次性补太多，也是会流鼻血的。”许静为自己说出这样一个比喻自嘲地傻笑。

“是的，过犹不及也不好。比如有个理论叫‘ZPD 理论——最近发展区域理论’，说的就是这个。”王振说着在白板上画了一个图形（图 4-7）。

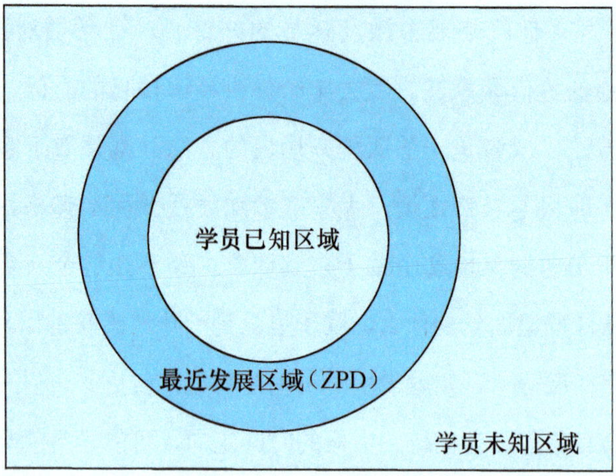

图 4-7　ZPD 理论——最近发展区域理论

“这个理论是由苏联教育学家维果茨基提出的。在最近发展区域（Zone of Proximal Development，ZPD）这个概念中，他认为学员发展有两种水平，一种是已经达到的发展水平（即学员已知区域），另一种是学员可能达到的发展水平（即学员未知区域）。这两种水平之间的距离，就是‘最近发展区域’，而培训的内容在学员的最近发展区域范围内，学员才容易理解、接受和模仿。也就是学员要学习的新知识最好在其已有知识圆的紧外围，这样学员才便于找到新知和旧知的联系，把新知编制到自己已有的知识体系中，也就是图中颜色较深的那一圈内容。”王振说道。

“难怪你对我的教学也是由浅入深，先讲授课技巧，再讲课程开发。”许静说道。

“是这样的。不要想着给学员太多，也要考虑学员的接受程度，贴着学员的已知区域去给内容，这样学员学习是最舒服的，因为他们跳一跳能够得着，而不至于因为内容太难，离开他们太远而显得迷茫。”

“来，再接着讲 ARCS 模型的第三点‘C 树立信心’。让学员在课程学习中能够树立信心是很重要的，因为一旦学员害怕失败，或认为自己不能完成特定的学习任务，对学习的开展就会产生一定的阻力。一般来说，有3种方式可以帮助学员在课程中增加其自信心。”王振喝了口水继续说道，“第一种方法是使学员对自己创设一种积极的成功期待。就是告诉学员他们是能胜任学习任务的，并且他们也能取得平均分以上的成绩，让他们不要妄自菲薄。关于这个现象，不是还有一个心理学实验吗？有两个专家跑到学校去，随机从班级里面挑选出20名普通学生并告诉老师，这些学生经过他们的测试，都属于高智商的，未来不可限量，让老师要好好引导他们。结果过了1年之后再回来，发现这些学生果然成绩排在了年级前列，且普遍更加自信，更勇于承担责任了。这就说明一定的期望值能够让自己和他人都受益。同时，要提高学员的期望值，我们也可以化大目标为小目标，这样使得任务更易于管理和操作。例如，日本有个著名的马拉松选手，很多年都获得马拉松冠军，但是他获得冠军的奥秘一直都没有被揭晓，直到他退役之后，出了本自传，才在书里面提到自己的成功之道。他说他每次在大赛之前，都会和教练开着车去熟悉马拉松42.195公里的路程，同时把40多公里的路程分成若干个小的路程。例如车开了5公里，发现前面有棵百年古树，就把这个作为第一个目标；再开了5公里左右，发现一个电影院，就把这个作为第二个目标；再开了6公里，发现了一个公园，把这个作为第三个目标。就这样，他把大目标分解成小目标，当别人以冲刺42公里为目标时，他每次只需要冲刺5～6公里的小目标，心态和动力当然不一样，所以他就一路兴奋地奔向了终点。”

“让学员相信自己能赢确实很重要，要不然如果学员觉得自己做不到，他根本就没有参与的动力了。”许静说道。

“是的。第二个方法是让学员有成功的机会。可以通过在课堂设置一些演练或测试。让学员能用所学去实践，完成一些挑战性任务，让学员觉得只要去做，就会有突破，就会有收获，这样对学员的自信心也是加分的。最后一点呢，就是让学员能较合理地自我掌控学习进度，同时让他们知道他们的努力程度和学习成效是成正比的。成人学习，很多时候更多是在自觉自愿。强迫学习，人虽然在，但是心在不在，魂在不在，真的不好说。像现在流行的翻转课堂、微课学习都是让学员自主掌握学习进度，并且做面授课程的有益补充。同时课堂上老师也要多折磨学员，给学员更多试错、尝试的机会，并引导学员解决问题，让其具备独立解决问题的能力，这样的学习才是有效的。”

“我发现我被你教导得就越来越有自信了，所以你是一个好老师。”许静一边捂着嘴笑，一边说道。

“你还开始忽悠我了啊，许大姑娘。”王振说道。

“嘿嘿，我说的是真的呢。”许静这下真诚很多了。

“好吧，暂且相信你吧。”王振说道。

“最后一点 ARCS 模型的是 S 产生满足。学习也是可以上瘾的，你相信吗？”王振问许静。

“学习也是可以上瘾的？这个不好说吧。”许静不敢肯定地说道。

“你看，我以前读高中的时候，数学成绩挺好的，所以我就喜欢做数学作业，觉得把一道很难的题目解答出来之后那种快感比吃一顿大餐还要强。因为我喜欢，所以我的数学成绩就越来越好，而因为我越来越好，我就越喜欢在数学上投入时间，因为数学带给我偌大的满足感。你说我这个算不算上瘾？”王振问道。

“这个好像是的吧。一个人只要做自己喜欢做的事情，就不会觉得累，觉得是一种享受。”许静认可道。

“是的，就是这个意思，所以在课堂中，我们也要试着去创造这样的环境，让学员爱上课堂，爱上学习。”王振说道。

“那怎么做呢？似乎挺难的啊。”许静满脸疑惑。

“你听过这个词吗？”王振起身去白板写了个英文单词——Flow。

“Flow？”许静看着这个英文单词大脑快速运转，“我的英文都快还给老师了。这个单词好像是流动的意思吧。”

“差不多吧。我们把它叫作心流。心流是指一种操作过程的心理状态，在其间，人们全神贯注于正在做的事情，在活动中，人们愿意绞尽脑汁、锲而不舍地投入。它一般是这么一种状态。”说着王振翻到了下一页 PPT（图 4-8）。

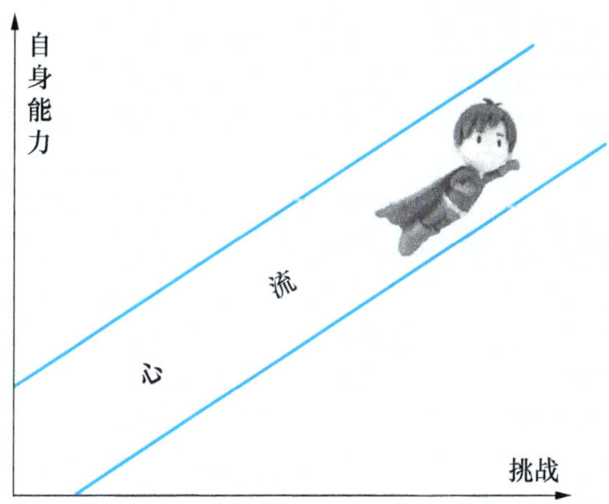

图 4-8　心流的状态

“你看，当一个人的自身能力与碰到的挑战或困难相当的时候，心流的状态就会产生。而这时候对当事人来说是最享受的时刻了。就像我们玩游戏，游戏如果太简单，都不要动脑筋，不需要花费周折就能取得胜利，我们一般就不会太想玩第二次。而如果游戏太难，超出了我们的能力水平，恐怕我们也玩不长。只有游戏的难易度刚好与我们的水平相当，我想胜利，但还需要思考和处理一些障碍，这样才会进入心流，才会废寝忘食。很多成人沉迷于游戏也是因为进入了心流。著名心理学家米哈里·契克森米哈指出要创造心流需要八大因素。”说着，王振从网格袋中抽出一张纸（表4-2）给到许静。

表 4-2　创造心流的八大因素

要因	解释
专注于当下	进入心流需要高度集中注意力，减少外部干扰，需要思想和行为的完美结合。所以在一般的教学中，才要尽量远离公司做培训，减少学员受干扰的机会
清晰的目标	明确知道要做什么，同时对需要完成什么没有异议。唯一要去思考的是如何完成，而不是问该完成什么，所以老师在课堂中要明确告知学员学习的方向，以及可预期达到的学习结果
及时的反馈	及时反馈很重要，在每一次练习和分享之后，要及时给到学员反馈和点评，让学员明白自己哪里错了，哪里对了，还有什么提升空间
轻松的参与	让学员在课堂中感觉轻松自在。轻松自在可以激发学员的兴趣，有兴趣才能长时间投入学习，才有可能产生心流
可完成的任务	完成任务可以带来一定的成就感。但任务不能太简单，也不能太复杂。最理想的任务是看上去很容易完成，实则需要花费一番心思
自我支配	在课堂上，学员感觉能掌控自己的学习进度，并对课程的互动贡献自身的智慧，并相信这样的结果是积极而有意义的
自我消失的关注	让学员融入该行动，别无他念，甚至可以废寝忘食。如有些行动学习的课程，让大家讨论对策和解决办法，大家脑洞大开，不愿离场
忘记时间	在心流的过程中，时间过得很快，如做一些沙盘模拟的课程，一个模拟过程下来，半天就过去了，但是大家完全没觉得，因为都沉浸在紧张、刺激的游戏当中

“我发现好像游戏开发商运用这些因素挺多的。因为我坐地铁的时候总看到有人在玩手游，停不下来的感觉。”许静说道。

“是的，游戏制作商是这方面的专家。所以我们做培训的也可以跨界学习，学学他们是怎样吸引玩家的，让玩家可以忘记吃饭，忘记睡觉，就是为了打怪升级。”王振说道。

“说真的，你这么一说，只要有心，处处都是可以学习的。”许静感叹道。

“你算说对了。”王振肯定道。

“这样做了解释，你对动机原则这方面的内容应该没什么疑问了吧？”王振问许静。

“没啦，你解释得太清楚了！”许静开心地说道。

“好，那我给你接着讲。”王振说道，“我再给你简单讲讲学习理论发展的 3 个阶段吧。”

一听到要讲新的内容，许静就翻开笔记本，准备做记录。

“学习理论的发展主要有 3 个阶段：第一阶段是行为主义，第二阶段是认知主义，第三阶段是建构主义。我给你一一说明吧。”王振说道。

“最早的是行为主义，代表人物有巴普洛夫和斯金纳等。著名的心理学家巴普洛夫曾经做过这样一个实验，就是每次给狗送食物之前打开红灯，响起铃声。经过一段时间的实验之后，以后只要一打开红灯或者一响起铃声，即使不给食物，狗也开始分泌唾液。这就形成了‘刺激—反应’的教学理念，认为要让学员掌握和学到某样东西就只要有外部刺激，反复强化就可以了。因为当时人们对人类大脑研究得比较少，而这种教学理念在现在看来是不太科学的，因为动物和人还是有本质区别的。虽然在动物身上，这种行为主义普遍使用，而且效果很好。海洋馆的海豚能够跃起碰到将近 5 米高的皮球，你知道是怎么训练的吗？”王振问许静。

“我看过海豚跃起碰球的表演，真的很精彩。我当时也很惊讶，海豚怎么那么聪明，能跳那么高，但如何训练的，我真的不知道，但是我发现一点，就是每次跳完之后，驯兽员都会给它几条鱼吃，不知道这个是不是关键原因。”许静说道。

“和鱼有一定的关系。”王振说道，“我把训练的过程给你大概说下。一开始海豚也是在海洋馆的水面下活动的。驯兽员为了训练它碰球，首先会把皮球用力压到水面以下，海豚在无意当中，碰到了皮球，驯兽员就会给它鱼吃，碰到就给鱼吃，这样来回做了多次之后，海豚就有了意识，那就是碰到皮球就有鱼吃。于是海豚就会有意识地去碰这个球。当海豚形成碰球与得到食物的联结之后，驯兽员就将皮球从水面以下移到水面上。这时候海豚还是会去碰，照样还是会得到食物，慢慢地，驯兽员就会让皮球离开水面，例如，挂在离开水面半米的空中，海豚为了得到鱼，它会怎么做？”

“它应该会跳吧，因为经过这么多次的刺激之后，它已经确信碰到皮球就会有食物了。”许静自信地回答道。

“是的，它会跃起去碰球。当它能熟练跃起碰到半米高的球时，驯兽员就会把皮球挂到1米高的空中，以此类推，慢慢地，海豚就能跃起碰到5米高的皮球。而就是典型的行为主义，就是‘刺激—反应’理论的体现，只要持续强化，改变就会发生。”王振说道，“但是人不一样，我们不一定会有刺激就有反应的，因为我们有自我控制和分析的能力，我们会选择最恰当的方式去处理事情。但是现在在社会上还是有一些行为主义的使用，最典型的就是驾校的训练模式，很多时候，教练简单粗暴，就是通过不断训练，不断刺激强化，让学员学会驾驶。这种方式能够存在并使用，说明在某些领域，它还是有一定的存在意义的。”

“很多单一的技能掌握可能比较适合行为主义的使用，因为它重在训练技能，对其他要求不高。”许静说道。

“是的，差不多是这个意思。后来随着科学的发展，人类对世界和大脑有了更深的认识和见解。大家普遍认为大脑在信息处理上处于重要的地位，这就是认知主义。认知主义的典型人物有布鲁姆和加涅等。布鲁姆的教育目标分类学把教学的内容分成了知识、技能和态度，对知识做了分类，就是我们俗称的 ASK 理论。这是一个长足的进步，代表我们开始关注知识的深度加工，以及将能力以不同的方式进行分类，以求收到比较好的效果。认知主义的发展也有其弊端，那就是只强调了知识的给予，但没有关注学员是如何接受的。它认为我只要给你传授这个技能了，你就能学到这个技能，而忽略了学员在这个过程中的主观能动性。就像我们在大学的学习一样，如学习心理学专业，需要学习 20 门专业课程，老师只负责将 20 门课程教授给你，但不能和你成为一位合格的心理分析师画等号。所以认知主义的典型特征是老师的单向讲授，老师一直讲，一直讲，但并不在乎学员是否建立起自己的知识体系，是否将内容与自己的过往经验做了融合。因此，就发展出了建构主义。”王振说道。

“建构主义这个词好像有点熟悉，记得你去年是不是给我讲过的？好像还讲过五星教学这个方法，是不是？”许静试探地问道。

“嗯，对的，你的记性不错嘛！”王振给许静竖了个大拇指。

“那是，我可是过目不忘啊。”得到领导的赞扬，许静还是挺高兴的。

“建构主义的典型代表是梅里尔教授。他觉得老师很难控制学员的成长，因为每一位参加学习的学员价值观、意识、基础等不一样。你认为合适的，他并不一定认为是合适的；这位学员认为能做到的，另外的学员可能并不一定能做到。所以你能做的，就是创设更多的场景，让学员去体验、去尝试、去感悟，这样每个人都能形成自己的小宇宙，形成自己对这件事情的看法，而这个看法可能是他目前水平所能达到的。让学员成为学习的主体，自己去建构属于自己的那份体验和感悟，做出属于自己的决策，这就是建构主义所倡导的。建构主义更强调尊重每个个体，强调学员的差异性，而用这种方式的教学，老师就不单纯只是一个信息的播放机了，而更多是体验活动的创造者、情景的构建者、认知的引导者。这会对老师提出更高的要求，尤其是针对一些习惯单向讲授的老师。”王振说道。

“这不就是你两个礼拜前说的，一个好的课程是要折磨学员的，而不是折磨老师的。”许静说道。

“折磨学员才能让学员有收获嘛。”王振说道，“关于建构主义，上次我给你讲了五星教学，这次我给讲一个自然教学法则吧。其实两者有异曲同工之妙。”说着，王振按了一下翻页器的重启按钮，PPT 屏幕由黑变白，上面出现了自然教学法则的相关内容（图 4-9）。

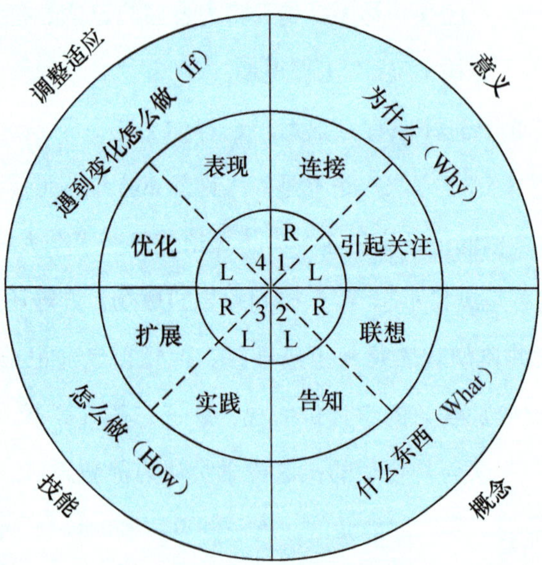

图 4-9　自然教学法则

“自然教学法则是由美国学习公司总裁麦克卡锡博士提出的。他强调了学习过程中充分激发学员左右脑并用，并循序渐进帮助学员提升能力的过程。教学的第一大步是要让学员明白学习的意义，为什么我要学习？为什么我要投入这个时间？所以在这个部分，你用一些案例、故事、角色扮演等让学习的内容和学员产生关联，并让学员认为这很重要，非学不可，这就是右脑的部分。当把故事、案例、角色扮演做完之后，就问学员问题，例如，你觉得这里面有哪些好的？哪些不好的？如果重来一遍你会怎么做？这时候就调动学员的左脑，让其积极思考。”王振看许静在拼命地记着笔记，就稍微停顿了一下。

“当吸引学员的兴趣之后，就进入了第二大步。这第二大步就要告诉他们学习的知识是什么。所以接着老师提问，学员就积极回忆，把他们能想到的信息告诉了老师，一些旧的场景开始浮现，这就是联想，调动了学员的右脑。当老师得知学员的信息之后，再把新的知识和信息娓娓道来，告诉学员，让他们把这些信息和现有的旧信息做碰撞和融合。学员会动用左脑，陷入深度的思考当中。第三大步就是教技能了，就是怎么做。第二大步教完学员知识之后，就让学员去实践，学以致用，因为学员没有使用这种知识的经验，所以必须集中精力，充分投入，因此处于左脑的运行当中。当练习完之后，老师需要让学员举一反三，使其真正理解所学，而不是靠死记硬背，因此需要学员进行头脑风暴，发散性思维，调动右脑的想象力。最后一步就是调整适用，也就是怎样能够融会贯通，即使遇到变化也不怕。要做到融会贯通，就需要学员者有意识地使用所学，所谓熟能生巧，所以在优化部分，学员需要克制自己，保持警醒，时刻不忘新技能的使用。最后就表现出一个更完美的自己，因为所有行为已经内化为习惯，不经意间体现出来，已经成为下意识的行为反应了。这就是自然教学法则，分为4个大步骤，8个小步骤。”王振总结道。

“我发现这个自然教学法则，其实和五星教学法还是蛮像的。”许静说道。

“确实蛮像的。那你能说出来自然教学法的8个小步骤是怎么对应五星教学法的5个步骤的吗？”王振问道。

“让我试试。”许静摩拳擦掌，“第1和第2步应该是聚焦问题，第3步是激活旧知，第4步是论证新知，第5步是应用新知，然后第6到第8步就是融会贯通了。这样对吗，王经理？”

“对的，就是这样的对应关系，你还挺厉害的嘛！”王振夸奖道。

“嘿嘿。那是。”许静摸摸鼻子认可道。

“谦虚一点好不好？真是的。”王振开玩笑道。

“跟你那么熟，有啥好谦虚的啊？”许静说道。

王振抬手看了看表：“今天时间也差不多了。我下班前还有个会，下周我们接着讲设计教学活动的下半部分。”

“好嘞！谢谢王经理。”许静夸张地向王振鞠了个躬表示感谢。

设计教学活动（下）

“时间过得真快啊，这一周的时间就这么过去了。”王振一边走进教室，一边感叹道。

“是呀，时间都去哪了……”许静一边说着，一边还唱起了歌。

“嘿，兴致还挺高嘛，还哼歌啊。”王振说道。

“那是，跟你学习我是很开心的。”许静说道。

“这句话说得还不错，我喜欢。”王振也开起来玩笑。

“哈哈，王经理今天心情也不错啊，发生了啥事了啊？”许静问道。

“也没啥事，这不今天上午林总和我说，我们培训部做的公司中高层领导力的混合式项目得到了总裁的肯定，总裁在高层会议上好几次提到这个项目，并对这个项目赞誉有加。这也是对我们工作的肯定嘛，所以今天心情不错。”王振说道。

“那恭喜你啊，王经理。”许静满脸崇拜地说道。

“恭喜啥啊，这个项目能做好，和大家的努力是分不开的啊，又不是我一个人的功劳。我是因为总裁肯定我们培训部门的工作而感到高兴啊。”王振说道。

“是值得高兴的事情啊，要不这次上完课，我请你去公司隔壁商场3楼新开的美食城吃饭吧，听说开了家韩国料理店，味道还不错。”许静咂咂嘴，说道。

“哎呀，你这一说到吃，我就饿了呢。来吧，我们抓紧时间讲解设计教学活动下半部分的内容。”王振说道。

“好！”许静也翻开笔记本，随时准备记录王振讲解的精彩内容。

“上一节课，设计教学活动的上半部分，我给你看了一些教育心理学方面的资料，同时也给你讲了一些成人课程中挖掘动机的技巧，以及教学理论的发展轨迹。”王振对上周的内容做了几句话的总结，“因此，今天呢，我就具体给你讲讲教学活动该怎么设置，怎样运用我们说的建构主义，让学员体验所学，去收获自己想要的那一部分知识。”

王振走到电脑边上，一边打开电脑和投影仪，一边说道：“设计教学活动，无非就是把之前我们讲的建构课程中的内容点用教学活动串起来，就像我们把若干颗珍珠摆成一条项链，这就是架构课程内容的环节，然后用一根线，把这些珍珠串起来，而这条线就是我们说的教学活动，它贯穿于课程始终，让课程活起来，有朝气。它对课程的意义就像人的血之于人的有机体一样重要。”

“嗯，教学活动是蛮重要的，如果没有教学活动，照本宣科，或者单向讲授，学员没多久就受不了了。”许静认可道。

“你说得没错。一般来说，一个完整的课程包含3个部分，那就是总—分—总，也就是我们在TTT培训师领域中经常说到的凤头、猪肚和豹尾。”王振说道，“这3个环节中，我们都需要设计教学活动，以吸引学员参与课程，才能寓教于乐，让学员在轻松快乐中学有所成。”

王振拿起杯子喝了口水：“关于凤头和豹尾，也就是如何开场，如何做自我介绍，如何破冰暖场，包含如何收尾，以及开场和收尾有什么重要意义，这些内容应该在去年给你讲授授课技巧的时候我都讲过了。”（详情请参考《成为明星讲师—TTT培训全案》一书）。

“是的。你上次说的这些方法还是挺实用的，有很多我在课堂上都已经使用了，且收到的效果也还不错呢。”许静认可道。

“有用就好，像这种技能就需要使用，如果不用，就会马上忘记，还给我了。”王振说道。

“我今天主要给你讲讲猪肚，该怎么去设计教学活动。因为开场和收尾虽然很重要，但是苦于一般时间不长，最长也就占据课堂授课20%的时间，而猪肚则至少占据80%的时间。因此能否有效设计教学活动对学员来说是很关键的。”王振说道。

“那应该怎么做呢？”许静问道。

“我们说一般一个课程，讲半天或者一天，是没法在所有知识点和内容上平分时间的。如果想平均分配，面面俱到，反而没法突出重点，让课程趋于平庸，或者对学员的帮助就没那么大了。因此我们需要对教学内容做侧重点的梳理和判断，对于重要且关键的内容，我们需要投入大量的时间，让学员练习和体验，并给予点评和辅导。而对于非重点内容，我们只要略讲，不需要投入太多时间，因此一个有主次的课程，才能做到有限时间，有效训练。”王振说着打开了 PPT，上面呈现了一个表格（表 5-1），“一般来说，我们给课程主重次分 3 个等级，分别打 1、3、5 分，这里是一个分值的判断和评分表，可作为参考。”

表 5-1　课程内容主重次评分表

分值	评估项	评估细则
1分	重要性	内容对学员来说重要性不高，可有可无，对工作完成的影响度不高
	频繁度	此内容使用频率极低，在工作中遇到的可能性不大
	关联性	此内容对达成教学目标的关联性不大，不是必教的知识点
3分	重要性	此内容对学员完成工作，胜任岗位任务有一定的重要性，如果不学习，会有一定的影响
	频繁度	此内容使用频率较高，在工作中会经常遇到并须及时解决
	关联性	此内容对达成教学目标的关联性较大，是不能省略的知识点
5分	重要性	此内容对学员完成工作，胜任岗位任务极其重要，如果不学习，没法进行基本的履职，或者会造成工作错误
	频繁度	此内容使用频率极高，是员工需要掌握的基本功并且须变通
	关联性	此内容对达成教学目标的关联性极大，是必教的知识点

“我们以‘卓越管理者的 5 项修炼的课程框架’为例做个说明。”说着，王振打开了建构课程内容章节的 PPT，并翻到了卓越管理者的 5 项修炼的课程框架的内容页（表 5-2）。

“我们以这个课程框架的第二章节来进行课程内容主重次的评分和判断，然后判断出这些二级大纲，哪些是 1 分的，哪些是 3 分的，哪些是 5 分的。得出分数之后，后面的三级大纲就应该匹配相应的时间和教学方法进行教学活动设计了。”王振说道，“当然了，在现实工作中，大家有时也不评分，而是找到专家直接打分就可以了。因为专家是此岗位的能手，他知道哪些内容是重要的，需要打 5 分的，哪些内容是 3 分的，可以稍微着重强调一下，哪些是只打 1 分的，略讲就可以了。而且他们的知觉与打分的差别一般都不大，都非常准确。”

表 5-2 卓越管理者的 5 项修炼的课程框架

一级大纲	二级大纲	三级大纲
高效沟通技术	沟通概论	沟通的“两个70%之说”、沟通漏斗原理图、有效倾听的“五到”
	与上司的沟通	让上司知道并请示的艺术、汇报的艺术、让上司省心、为上司分忧、提升行动力、如何处理上司“不讲理”、如何对待上司的越级指挥
	平行部门的沟通	常规工作的例行沟通、常规会议的例行沟通、特殊问题的专项沟通、友好往来的半正规沟通、特殊对象的书面沟通
	部门冲突解决与处理	托马斯·吉尔曼冲突处理二维模型、冲突处理策略
有效激励技术	激励认知	激励测试题、激励定义、激励的强化功能、激励的示范功能、激励之外在报酬和内在报酬
	激励原理	马斯洛需求层次论、认知对比原理、双因素理论、期望理论、XY人性理论
	非货币激励9个方略	愿景激励、赞美激励、荣誉激励、晋升激励、情感激励、培训激励、竞争激励、授权激励、娱乐餐饮激励
目标管理技术	目标达成的8个步骤	目标制定、策略研讨、计划落实、执行开展、培训辅导、过程控制、产出结果、面谈改善
教练技术	4种“才”的情景领导	哈佛人才情景领导案例分析
	教练型领导的意义	教练型领导的定义、教练型领导的6个障碍、教练型领导的意义
	教练教什么	技能：3种辅导方式的有效应用（GROW模型、RAVE模型、三明治批评法）；知识：4项准备与OJT口诀的运用；态度：巧用情景领导力提升员工意愿
团队建设技术	团队发展4阶段	成立期特征及如何应对，动荡期特征及如何应对，稳定期特征及如何应对，高产期特征及如何应对

（续表）

一级大纲	二级大纲	三级大纲
团队建设技术	团队领导方式	命令式领导、教练式领导、支持式领导、授权式领导
	团队成员的4种性格分析	力量型风格、活泼型风格、完美型风格、和平型风格
	满足4型性格的40条秘方	满足力量型的10条秘方、满足活泼型的10条秘方、满足完美型的10条秘方、满足和平型的10条秘方

“嗯，这个我同意，专家的经验那可不是盖的啊！”许静给专家竖了个大拇指。

“当我们给课程框架的内容做了主重次的梳理之后，就应该设计相应的教学活动了。”王振打开文件袋，抽出一个表格给许静，“喏，这就是组织‘猪肚’的四步骤教学活动，你看看。”

许静接过了资料，看到了上面的信息（表 5-3）。

表 5-3 “猪肚”教学活动组织的 4 个步骤

教学活动组织4步骤	具体解释
引	吸引学员的注意力，引发学员的共鸣，挖掘学员对于此知识点的旧有认知，激发旧有认知之后可以更好、更快地接受新知识
讲	讲师通过多种教学方法传输新的观点、方法、步骤、知识点等内容，讲解要点时要尽量避免单向输出，而是采用双向互动式的方式
练	让学员练习实操，给予学员消化新知识的时间和机会，通过练习实操，学员的感悟和收获将会被放大
评	老师的点评和反馈对学员也是一种激励，特别是即时的点评和反馈，让学员知道哪里好，哪里需要提升，才能更有信心地继续学习之旅

“我发现，这4个步骤好像和五星教学法也挺像的，也是强调要先把学员的旧有经验挖掘出来，再给予他们新的知识和信息。”许静若有所思地说道。

“是的，当你学习的知识多了之后，就可以融会贯通了，但其实本质是八九不离十的。”王振说道，“我们发现讲解知识点要走引、讲、练、评这4个步骤还是需要花费一些时间的，如果把每个知识点都按照这样的节奏来走，那显然时间是不够的，组织也不会给那么多的时间。那你觉得怎么办呢？”

“应该是按照你刚刚说的，分主重次吧，可能打5分的，我们就用4个步骤来进行教学，如果是1分或者3分的，就可以把步骤简化，要不然时间真的不够呢。”许静说道。

“嗯，差不多这个意思吧。”王振翻开了一页新的PPT（表5-4），“你看这里有分值和教学活动相应的匹配内容。”

表5-4　重要性分值与四步骤的匹配表

重要性分值	匹配的四步骤活动
1分	讲
3分	讲、练、评
5分	引、讲、练、评

“我这里给你做个简单的解释。”说着王振也拿起一张表格，给许静做起了解释，“对于1分的内容，我们主要采用略讲，以讲解为主，因为这些内容不是太关键，可有可无。对于3分的内容，因为其相对重要，我们将采用讲、练、评三步骤来进行讲解。对于5分的内容，我们将采用完整的四步骤来进行讲解。当然这也只是做一个参考，很多时候可以根据现场

时间做灵活调整，用这样的方式罗列重要程度，用时间的长短来凸显重要程度的分值，也就是分值越低，授课的时间就越短，分值越高，授课的时间就相对较长。”

“我明白了，王经理。”许静说道。

“之前我好像说过，说一般一个课程主要是教 3 项内容，一个是知识，一个是技能，一个是态度，用其英文单词的首字母缩写放在一起就是 ASK 模型。具体每一种内容可以用什么教学方法，我给你罗列了一张表格，你可以看下。”说着，王振按了一下翻页器，PPT 转到了下一页（表 5-5）。

表 5-5　ASK 的教学活动设计

类别	内容	教学活动
知识类	概念、定义、标准、观点、流程、步骤	阅读、竞赛、举例、图示、讨论、数据图表、故事、测试（选择、连线、判断、填充等）、参考手册、角色反串、多媒体
技能类	操作流程、行为步骤、方法和技巧	角色扮演、实操演示、模拟、现场练习、案例分析、小组讨论、视频演示、游戏带动、竞赛
态度类	价值、目的、利益、理念、影响程度、愿望	案例分析、小组讨论、视频演示、游戏带动、体验式教学法、活动、情景模拟

“因此，不同的教学内容可以选用不同的教学方法进行讲解和演示。现在我拿‘卓越管理者的 5 项修炼的课程框架’的内容给你举例子，在此框架中，我们选取重要值 5 分的内容，来进行 4 个步骤的讲解，同时分别涉及知识类、技能类和态度类这 3 个内容点。也就是说每类内容点，我会举一个例子，会了 5 分重要值的 4 个步骤，1 分和 3 分的方法就不成问题了，因为 5 分包含 1 分和 3 分的内容。有问题吗？”王振问许静道。

“没有问题，我洗耳恭听。”许静爽快地应答。

“现在，我给你讲解下知识类的四步骤，例如，说在‘卓越管理者的5项修炼的课程框架’中，我们经过分析，部门冲突解决与处理这个二级大纲的内容重要性分值是5分，那么它后面的三级大纲内容：托马斯·吉尔曼冲突处理二维模型和冲突处理策略也都是5分。而托马斯·吉尔曼冲突处理二维模型则属于一个知识点，我就用这个知识点给你举例说明如何用引、讲、练、评来进行呈现。”说着，王振走到会议室前面，开始了示范授课。

“各位学员，我们身处在组织这个大家庭中，每天会有大量的沟通场景发生：对上的沟通，对下的沟通，当然也有面对平行部门的沟通。很多时候沟通不畅会导致部门之间发生冲突，或者因为部门之间存在部门墙，大家各有芥蒂，一着不慎就会引发部门之间的冲突。如果不及时有效地化解冲突，则会增强本位主义，让同事之间关系紧张，降低效率。那么当遇到部门之间冲突的时候，我们该怎么办呢？接下来我给大家看一段视频。”于是，王振点击电脑的链接地址，打开了一段视频。

视频梗概如下：

视频背景是一家外资企业要搬到一个新的办公地点，于是像工位的安排、是否能上网、物料的准备等一团混乱，而人事行政部本来人就很少，所以大家处于一片忙乱中。而在这时候，销售部又和搬家公司产生了矛盾，人事行政部人员要赶紧过去处理矛盾和冲突。

销售主管：你别搬，别搬，别动，知道放哪吗？瞎搬。

搬家公司：你这个人什么态度啊？

销售主管：什么态度，你想要什么态度啊？（一边说话，一边用手拍对方胸膛。）

搬家公司：哎，你！

这时，销售总监过来了。

销售主管：David，我跟你说，我不让他们搬家，他们非要搬，影响大家工作啊。我管也管不住。正好你来了。

销售总监：客户那边等着我们出新方案，你怎么还有时间跟人家吵架？

销售主管：是，是，是。

销售总监：谁把你们找来，你们找谁去吧。（朝搬家公司说道。）

这时杜拉拉过来了。

搬家公司：杜小姐，你看这是怎么回事啊？

杜拉拉：王总，搬家通知是经过你们签字确认过的。

销售总监：是呀，但是我们今天要跟一个大客户打场遭遇战，所以肯定没有人手。

杜拉拉：没关系，这不有搬家公司吗？你们只要自己打好包，写上部门和姓名就可以了。

销售主管：我们打包？那要你们行政干吗吃的？我们销售都搬家去了，你老人家给公司赚钱去啊？

杜拉拉：可是我们部门只有四个人，而且其他部门都是自己打包的。

销售主管：我们是其他部门吗？其他部门是其他部门，销售部是销售部。你进公司没经过上岗培训啊？

销售部员工 A：杜拉拉，你这不是拿着鸡毛当令箭嘛。

销售部众员工：就是啊，就是……你以为你是谁啊，太嚣张了。要你们干吗用的啊？

销售总监：要不我来打包，反正他们要去工作。（然后销售总监准备要走。）

杜拉拉：站住，王伟。今天的搬家是统一行动，你的部门再伟大也不能影响其他人。你想自己打包，这是你的问题，我没有任何意见。不过，我给你们半个小时的时间，如果半个小时之后，还是打不好的话，这些东西都变成垃圾被清走，到时候，可别怪我没提醒过你们。搬！（然后杜拉拉生气地跑走了。）

剩下销售总监郁闷地在那边刮着眉毛。

销售主管：David，怎么办啊？

销售总监：搬吧，搬吧，半个小时之后来找我。

销售主管：啊？

销售总监：还站着干吗？搬啊！

销售主管：好，好，好，好，快搬，快搬！

"在这段视频中，杜拉拉是如何处理部门间的冲突的？有哪几点是你印象比较深刻的？这样，给每个小组5分钟的时间，讨论好之后，由组长派一位代表上台做发言分享。来，大家开始讨论，我给各位计时。"王振说完了这些指令之后，走到许静边上说道，"因为时间关系，同时在场也没有学员，所以讨论完之后的分享我们就不做了。我想问你，你觉得刚刚这个步骤是啥？"

"刚刚这个步骤是不是就是第一步'引'啊？"许静回答道，"你是用一段视频来引发学员的兴趣，把团队之间的冲突比较直观地呈现在大家面前，并把大家对冲突的理解以及如何处理冲突的旧有经验挖掘出来，只有大家呈现了自己的经验之后，再讲解新的知识点，接受度才会更高些。"

“是的，刚刚这个就是‘引’的部分。说完‘引’的步骤之后，我给你讲解第二步‘讲’的内容。”说着，王振就走回电脑旁，打开电脑，上面呈现出一个模型，打开模型之后，王振接着开始授课。“好，刚刚每组的分享都很精彩，有的组甚至都挺专业的，也提到了一些冲突处理的方法，说明各位对冲突处理并不是一位新手，而是有一定的基础的，这样学习起来也会更快。关于团队间的冲突处理，我们会用 PPT 上的这个模型（图 5-1）来解决，所以接下来的时间我会向大家简单讲解一下这个模型。”

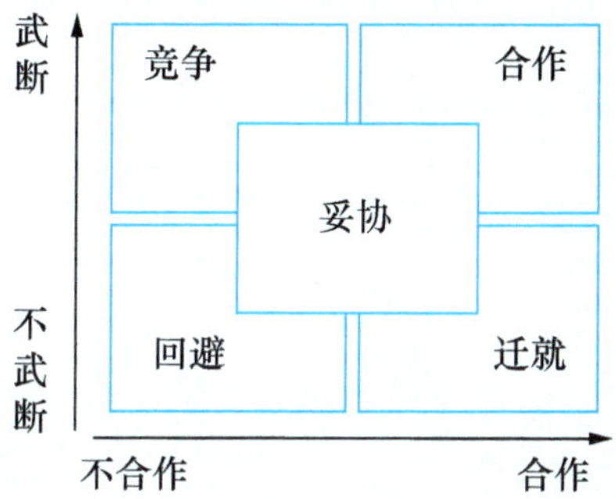

图 5-1　托马斯 · 吉尔曼冲突处理的二维模型

接着，王振就结合简报笔的激光教鞭，一边用绿色的激光点指着 PPT 上的模型，一边做着讲解：“既然是二维模型，顾名思义就是由纵轴和横轴把它分割开来，横轴代表是否愿意合作的意愿度，越往右合作意愿度越高；纵轴代表武断的程度，越往上越代表武断。当一个人和其他人发生冲突时，如果愿意合作，同时放弃自己的原则和底线，不专断，那么他的处理方式就是迁就，就是牺牲自己，成就别人，属于委曲求全。如果你碰到冲突的时候既不愿意和别人合作，同时也表现出专断、强硬，这时候的状态就是回避，这样的方式只会让事情处于冷冻状态，对冲突处理于事无补。如果在遇到冲突的时候，你高度强硬、专断，不愿意合作，这时候体现的状态是竞争，就是要我赢你输，是一种咄咄逼人的态势。当你碰到冲突的时候，你既愿意和别人合作，利益共享，同时也保留自己的权利、保留底线，保持强硬，不轻易让步，我们把这种状态叫作合作。合作是一种双赢的状态，你得到了你想要的，我也得到了我想要的。但是因为双方需要双赢，所以这种方式需要双方花很多时间进行谈判，对时间的需求较大。最后一种处理冲突的方式叫妥协，就是模型中间的这部分的内容，也就是双方都做了一些让步，都做了一些牺牲，就为了达成最后的合作。关于这5种处理冲突的状态我这边也给大家准备了一份资料，大家可以自行阅读和学习。”说着，王振给许静发了一份资料（表5-6）。“来，各位，我给大家10分钟时间看这份资料，如果有疑问可以问我。”王振继续发指令道。

表5-6　冲突处理5种方式的详细解读表

方式讲解	迁就	回避	竞争	合作	妥协
策略	牺牲一方的利益，满足对方的要求	意识到冲突的存在，希望逃避或抑制而采取的既不合作、也不维护自身利益、一躲了之的办法	牺牲别人的利益，换取自己的利益	主动跟对方寻求解决问题的办法，是一种互惠互利的双赢	双方都愿意放弃一些东西，并且共同分享利益所带来的结果
行为特点	宽容别人，为了合作不惜牺牲个人目标	不合作、也不武断，对自己、对别人都没有什么要求。忽视和放过某一个问题。否认其是个问题	是一种对抗的、武断的和挑衅的行为，为了取胜不惜任何代价	相互支持，高度尊重，大家愿意合作解决问题	双方都达到自己最基本的目标

（续表）

方式讲解	迁就	回避	竞争	合作	妥协
优点	能尽快地处理事情，维护较好的人际关系	不发生冲突	快，能立即分出胜负	能够彻底地解决冲突双方的问题并找到解决此类问题的办法	能照顾到双方的利益，能够及时达成共识
缺点	没有解决实际问题，只是权宜之计	可以维持暂时的平衡，但不能最终解决问题，公司受到损害，造成工作积压	不能解决问题的根本，全凭权力	是一个漫长谈判和达成协议的过程，时间很长，成本太高	一些根本性问题没有解决
友情提醒	很多情况下采取迁就的方式其实是一种变通，也许有些规定本身就不适用于所有的情况，采取迁就的方式很容易化解冲突	问题积压下来更容易激化，而且总要解决	竞争方式适用于紧急又重要的事情，它能够节省时间，节省决策的成本，可以尽快达成一个结论，以优先保证重要的紧急的工作	合作需要成本，时间和精力，所以应该处理不紧急的工作。另外，合作的方式是用来解决原则性重要工作，事先要规定一些重要的内容，把合作的模式建立起来，以达到更好的管理团队的目的	妥协的方式没有明显的输家和赢家，在非原则问题上较适合
使用时机	•为建立良好关系，为未来铺路时 •当你发现自己的看法错误时 •对方处于优势时	•面对事情微不足道时 •当身处你无法改变的环境时	•紧急情况下，需迅速果断做出决策并行动时 •推动重要但不受欢迎的政策时 •保护自己不受他人欺负时	•需要了解，综合不同人的不同意见 •当部门之间在主要的职责上相互关联时	•当对方做出承诺，不再出现类似情况时 •面对复杂问题需要权宜性的解决办法时

“好，时间到了。大家看完了吗？相信大家看完这份资料，应该对冲突处理模型有了更深层次的了解了。接下来我结合冲突处理二维模型，给大家稍微讲解一下刚刚看过的这个视频。来，刚刚发生冲突的时候，杜拉拉过来是找谁的？对，找的是销售总监David，因为你只有找到关键人物才能说事嘛。看到销售总监之后，第一句话她怎么说的？对，她说：‘王总，搬家协议是你签字的啊。’这句话的意思是什么？是不是说我们应该合作啊！因为是你自己签的字啊，你不能反悔啊。所以你看杜拉拉她首先选择的是合作策略，我要和你合作。但是你看销售部说什么？说：‘我们要和客户打遭遇战，我们没有人手，你们去搬，你们自己去搞定，不要占用我的时间，我没时间’。请问这是什么策略？是不是就是竞争啊？就是摆明了要得到的结果是我赢你输。这时候气氛已经比较紧张了。所以我们看杜拉拉是怎么说的？她说那没关系，你们只要自己打好包，写上部门和名字，搬家公司会搬的。这时候杜拉拉知道合作不行了，那我就再退让一步，你们不用搬，只要打包就行，剩下交给我们处理吧，这就是我们说的妥协策略了。但是我们发现销售还是死缠烂打，说：‘我们打包谁去给公司赚钱去啊？’所以你看，杜拉拉想妥协，但是销售部寸步不让，一直都是在用竞争策略，而且是群体用竞争策略，在攻击杜拉拉。这时候，杜拉拉承受的压力是很大的。如果她这时候受不了了，觉得销售部合伙起来欺负人，于是觉得委屈，哭着跑开了，请问这是什么策略？是不是就是回避策略啊。这时候能不能用回避策略？是不能用的，因为你这时候搞不定，以后也就搞不定了，就会一直被欺负了。那这时候能不能用迁就策略，说：‘那好吧，我们行政部来帮你们销售部打包，做这些事情。’这样行不行？也是不行的，对吧。一方面，你就只有 4 个人，这些活肯定会把自己累死；另一方面，如果你真帮销售部做了，其他部门也会觉得不公平，也会需要你去打包，那行政部就只有累死的份了。所以到这个时间点，合作、回避、迁就、妥协这 4 个方法好像都没法奏效，那怎么办？对，只能用最后一招，那就是竞争策略了，因为这也是被逼的。所以杜拉拉怒气冲冲地责令销售部半小时内要把东西打包好，否则就当成垃圾被清走。女同事一旦发飙，那就会很麻烦，搞不好就真的说到做到。所以这时候你看杜拉拉发飙，采取竞争策略之后，反而销售总监就只能采取迁就策略了，连合作的机会都没有了。所以销售总监只好让下属先打包，半小时之后去找他。所以你看这个视频只有几分钟时间，却蕴含了那么多处理冲突的学问，我也希望大家能够在平时工作中多去运用冲突处理的方式和策略，能较为客观公正地去解决面对的冲突，不咄咄逼人，也不逆来顺受。”王振模拟讲课的形式说了一段话之后，面对许静说道，“刚刚我说的这些内容就是 4 个步骤的第二步，叫‘讲’。就是应用讲授、自我阅读、问答等方法把学员需要学习的知识点做透彻的讲解，让学员与第一步‘引’中被激发的知识点和经验形成碰撞，让学员以更开放的心态投入课程，这样的学习收获也就更多了。”

“是的，你刚这么一说，我发现我已经理解了托马斯 · 吉尔曼的冲突处理二维模型，说明先看视频，激发经验之后，再讲解新的知识点，效果确实会比一开始就讲解新的知识点会好些。”许静认可道。

“对的，就是这个意思。接下来就是到第三步‘练’了。练习这里呢，我给大家出了几道题目，让大家现场来做一下。”说着，王振翻开了下一页的 PPT（表 5-7）。

表 5-7 冲突处理的练习题目

冲突状况	处理策略
1. 力霸是一家大型的机械制造型企业，近几年，因为市场大环境不好，出口受阻，国内销量也没打开，同时应收账款偏多，严重影响公司的现金流。为了能更好地生存下来，谋求后续的发力，公司单方面颁布了一项政策，那就是凡是公司副经理职位以上的人员，从制度颁布之日起，下个自然月每个月减薪20%。有效期1年	合作
2. 李钱是一家工业黏合剂厂的销售总监，这次他们的团队找到了一家大型的生产制造型企业，如果能和这家企业合作，将会源源不断地带来销售订单。但是初次合作，客户方对产品交期、产品金额、付款方式等都提出了较为苛刻的要求，核算下来，几乎没有利润可言，但为了后续的订单，李钱还是答应合作	回避
3. 张旭是一家合资企业的采购部经理，因为工作需要，他需要经常出差，外出的机票、火车票、住宿费等都需要自己先垫付，然后回公司贴票报销。由于公司的财务部工作量繁重，因此报销采取月制，每月5日财务部统一接受各部门的报销单据，如果错过这个时间，就只能等下个月了。张旭虽然对这个报销制度挺不感冒的，因为有的时候出差会垫进去很多钱，但是他也知道这个制度是不能随便修改的，也就只好作罢	迁就
4. 某游戏开发公司，发现手游市场前景巨大，于是就让公司下面的两个研发部门一起合作，在3个月内开发出一款适合“90后”玩的手游。这两个研发部门虽然同属一家公司，但因为各自的leader风格不一，因此风格差别还是挺大的。但为了配合公司达成目标。两个研发部都做了一些让步，积极协商沟通，为了早日研发出手游游戏	妥协
5. 某大型电商，在店庆日前2个月时，市场部经理给各个兄弟部门发邮件，并让下属分别去邀请各部门领导，希望大家一起出席研讨会议，商讨各部门如何发挥自身优势并且合力协作，打好这次店庆日的攻坚战	竞争

“这里左边有 5 个常见的冲突状况，右边是相应的五种冲突处理策略，给

各位学员 5 分钟的时间，请大家将左右项目进行连线。好，开始。”王振说道。

“好，时间到了，现在我来公布一下答案。”说着，王振就下翻了一页 PPT，上面出现了刚刚练习题的连线结果（表 5-8）。

表 5-8　冲突处理的练习题目答案

题目	连线
1. 力霸是一家大型的机械制造型企业，近几年，因为市场大环境不好，出口受阻，国内销量也没打开，同时应收账款偏多，严重影响公司的现金流。为了能更好地生存下来，谋求后续的发力，公司单方面颁布了一项政策，那就是凡是公司副经理职位以上的人员，从制度颁布之日起，下个自然月每个月减薪 20%。有效期 1 年	竞争
2. 李钱是一家工业黏合剂厂的销售总监，这次他们的团队找到了一家大型的生产制造型企业，如果能和这家企业合作，将会源源不断地带来销售订单。但是初次合作，客户方对产品交期、产品金额、付款方式等都提出了较为苛刻的要求，核算下来，几乎没有利润可言，但为了后续的订单，李钱还是答应合作	迁就
3. 张旭是一家合资企业的采购部经理，因为工作需要，他需要经常出差，外出的机票、火车票、住宿费等都需要自己先垫付，然后回公司贴票报销。由于公司的财务部工作量繁重，因此报销采取月制，每月 5 日财务部统一接受各部门的报销单据，如果错过这个时间，就只能等下个月了。张旭虽然对这个报销制度挺不感冒的，因为有的时候出差会垫进去很多钱，但是他也知道这个制度是不能随便修改的，也就只好作罢	回避
4. 某游戏开发公司，发现手游市场前景巨大，于是就让公司下面的两个研发部门一起合作，在 3 个月内开发出一款适合 90 后玩的手游。这两个研发部门虽然同属一家公司，但因为各自的 leader 风格不一，因此风格差别还是挺大的。但为了配合公司达成目标。两个研发部都做了一些让步，积极协商沟通，为了早日研发出手游游戏	妥协
5. 某大型电商，在店庆日前 2 个月时，市场部经理给各个兄弟部门发邮件，并让下属分别去邀请各部门领导，希望大家一起出席研讨会议，商讨各部门如何发挥自身优势，并且合力协作，打好这次店庆日的攻坚战	合作

“怎么样，大家都做对了吗？”王振以授课的口吻说道，“好，即使有错也没有关系，我给大家简单点评讲解一下。”

王振走到PPT屏幕边上，开始讲解：“第一个场景是公司为了在艰难的环境下能够活下来，所以单方面颁布了这个减薪制度。这种制度显然是不受大家欢迎的，但是在当前情况下又很重要，所以只能采取竞争的策略，因为这样能比较快速地解决问题，毕竟时间是很重要的。第二个场景属于为未来的合作铺路，为了谋求更大的合作机会，第一次我牺牲一点儿利益，先攻占这个领地，所以采取的是迁就的策略。第三种场景，张旭面对公司的报销制度，虽然很无语，感觉不妥，但是他也知道公司报销制度已经这么多年了，作为一家大型跨国公司，更改公司制度是没那么容易的，要经过一个漫长的周期。所以他只能采取回避的策略，‘别人都能忍受这样的报销制度，那我也认了吧。’第四个场景两个风格各异的游戏研发部门，有各自的性格和脾气，平时合作交流也不多，但为了完成公司3个月开发手游的任务，两个部门还是得放弃一些原则、放低姿态、以更合作的态势加入到合作中，因为这样的配合是权宜之计，所以我们说这是一种妥协的策略。最后一个场景是公司的大型销售活动日活动，这样的活动对电商来说是一年一度的大事件，公司从上到下拧成一股绳，齐心协力冲刺销售业绩。所以市场部邀请各部门一起商讨店庆日的活动大计并充分讨论，发挥各部门的优势，以求合力的最大化。这样的协调沟通很费时间，但是效果却是最好的，因为这样的合作模式是最融洽的，所以最后一种策略是合作的策略。”说完这段话后，王振暂时把PPT屏幕黑屏，并走到许静边上。

“好了，我的讲解结束了，怎么样？有没有收获啊？”王振问许静道。

“挺有收获的，也为我后续的授课提供了很多经验，其实看你在模拟授课，我不仅在学习你讲的这些知识点，同时也在学习你的授课方式和引导风格。”许静说道。

“嗯，多方位学习，这样你的成长速度就更快了！”王振夸奖道，“我讲完‘练’之后，就直接给学员进行‘评’的环节，这就是知识点的教学四步骤的举例，我已经讲完了。”

“一气呵成的感觉，听起来特别过瘾。”许静投来羡慕的眼神。

“举完了知识点的教学四步骤之后，接下来我还是用‘卓越管理者的5项修炼的课程框架’中的内容举例来讲解技能类的四步骤该怎么讲。”说着王振打开电脑，“假设教练技术中的二级大纲教练教什么的重要度分值是5分，那它后面的三级大纲的内容也是5分的分值，我就以员工辅导谈话的RAVE模型作为例子进行讲解。”说完，王振又站到会议室前端开始模拟授课。

“各位学员，大家好。作为一位管理干部，大家都知道我们与员工的辅导面谈是一项非常重要的工作，例如，我们以月度或以季度为周期的绩效面谈，我们与员工的不定期面谈，等等，都是属于辅导面谈的范畴。经常与员工进行面谈沟通，不仅可以把组织的思想理念传输给下属，同时也可以了解下属近期的想法，了解下属有什么感悟，有什么困难，有什么需要你协助的，等等，通过沟通可以增进彼此的感情，拉近和下属的距离。虽然辅导面谈好处多多，但是如果你不掌握方法，和下属做无意义的沟通，不仅浪费时间，同时也让下属很受挫。我给大家看个例子。”说着，王振在电脑上打开了一个word文档，上面呈现了一个辅导面谈的案例（表5-9）。

表 5-9　错误的辅导面谈案例

赵总：某制造型企业的人力资源总监 建军：某制造型企业人力资源部部长助理，负责绩效薪酬和培训工作 赵总（匆匆寻找，自言自语）：“建军刚才还在啊，那么有没有看到啊？（打电话）喂，建军啊？在哪里？到我办公室来下，有个急事，赶快过来。” 建军（匆匆赶来）：“赵总，什么事情这么着急啊？我这里很忙啊，这个月的培训计划有点调整，正和A事业部孙总沟通呢。” 赵总：“那个事情先别着急，先坐，工作沟通嘛，缓缓没事，我这边上个月的考核截止时间快到了，这个工作是我们部门负责组织的，自己要是没按时完成，那怎么去催促其他部门呢，你说是吧？” 建军：“考核嘛！我做的事情你反正知道，你看着办吧，别让我吃亏就好了。”（建军一副无所谓的态度） 赵总：“你的工作好坏我心里有数，但程序还是要走一下的嘛！你先把上个月的工作谈一下吧。” 建军：“我不是已经把上个月的工作总结交给你了吗？” 赵总（惊讶）：“是吗？我怎么不记得了啊？我找找看。（赵总在一堆文件中翻找资料）哦，你这份工作总结写得太简单了，还是自己讲讲吧！” 建军：“我也没做准备啊（稍稍犹豫了一下）。让我用一下这个吧（从赵总手中拿过工作总结，开始讲）。2015年12月在公司领导的支持和帮助下，我基本上完成了预定的工作指标，工作总结上有数据，也有相关说明，你自己看吧，至于关键行为指标和临时任务指标，我的工作做了很多，也很忙，失误也是有的，主要是因为本人思想上不重视，工作能力有限，这个月我准备继续努力，发扬成绩，改正缺点，争取不断改善（做无辜状）。唉，赵总，反正我的工作你也是知道的，我也就不多说了。” 赵总：“建军，你的工作我心里有数，你的成绩我也看得到。但是，你的缺点也是很多的。例如，上次去A事业部开会的时候，孙总就向我反映上个月的培训计划到现在还没有收到，由于没有培训计划，A事业部不知道该做哪些培训，所以上个月的培训一个也没做，这是你的责任吧？” 建军（做生气状）：“那件事情我和你也解释过了，我是因为太忙给忘记了啊，我又不是故意的。你也是知道的，我手头工作那么多，一时忙不过来，忘记了也是能理解的吧？我下次记住就是了，在以后的工作中多加注意，不会再犯类似的错误了。” 赵总：“反正类似的事情以后你要注意了，我以后不想再听到这样的理由，好吗？还有，岗位说明书上规定，你有一条很重要的职责是组织实施绩效管理制度。这个工作主要是由绩效薪酬专员做，但你作为部长助理，有责任督促绩效薪酬，把这个事情做好，但是最近绩效考核

> 的工作进展得很不好，很多部门的考核不能按时完成，考核结果也不能及时汇总，绩效分析也做得很马虎，这是你的责任吗？”（语气加重）
>
> 建军：“最近绩效考核工作开展得不是很好，这又不是我一个人的责任，是各个部门的部长不严格执行制度，有制度不执行、故意拖延，我也催过，但是效果不理想，我也拿他们没办法啊。”
>
> 赵总：“这个我知道，但是我记得和你说过，让你在每次考核的时候都要全程参与，旁听考核面谈的过程，并做好记录，形成书面报告，但是好几个月过去了，我一份报告都没看到。而且我听说，你每次参加其他部门考核面谈的时候，都是坐一下就走，根本就没有用心去听，就凭这一点，我在KPI这项就可以给你扣分。”（做发火状）
>
> 建军：“你要这么说我也没有办法，你是领导嘛！”
>
> 赵总：“建军啊，工作上有失误不要推脱嘛，你的成绩我也看得到，反正月度考核也是走个形式，关键是你下个月有没有明确的改进计划？”
>
> 建军：“你要给我一个方向嘛，你们上面不定下来我们下面怎么做啊？”
>
> 赵总（看看手表）：“这样吧，我们先谈到这里吧，反正我也谈得差不多了，我会一碗水端平的，我这边还有急事，不过，我看你这个月的绩效奖金肯定要受影响了！”
>
> 建军：“随你便吧！”（建军气愤地走出了办公室）
>
> 建军（边走边说，自言自语）：“赵总怎么这么说呢？我没有功劳也有苦劳啊，他根本就不了解情况嘛！”

“好，案例看完了。接下来，我给每个组 5 分钟的时间讨论一下，你觉得这个案例里面赵总在和下属在做辅导面谈的时候有哪些错误？你有何建议？好，大家开始讨论，我给大家计时。”王振发布了指令。

“许静，因为我是模拟授课，这里面就你一个学员，你来回答一下好不好？”王振对许静说。

“好啊。这个案例看了挺有意思的。原来谈话还可以这么‘好玩’。”许静讽刺道，“这个案例里面，我总觉得整个沟通氛围怪怪的，一般说沟通氛围是要轻松一点，但是也要正式，毕竟这是一次上下级的工作谈话。但是这次谈话感觉气氛过于放松了，就像老哥和小弟在讲话似的，没有严肃的气氛。第二点就是感觉赵总准备得不够充分，因为谈话进度落后了，就把建军找过来，也没有思考和设计该怎么和下属说话，怎么表扬下属做得好的，怎么批评下属做得不好的，怎么让下属愿意接受，等等。还有就是连资料也没准备，还临时去找，这都是不职业的体现。第三点就是下属问他要改进建议，他也给不出来，这应该是谈话里面最有含金量的一部分内容，但是你给不出来，让下属怎么去改进呢？还有一点就是下属好像对自己的错误认识得不够深，没有给出解决方案，总是在找外部理由，这样下去以后还是会重蹈覆辙的。就这些吧，王经理，我说完了。”

“呀，分析得挺到位啊，你可以下课了，再见！”王振开了个玩笑，向许静挥挥手表示再见。

“哈哈哈，王经理你幽默细胞长粗了，恭喜你啊！”许静大笑地说道。

“这还不是向你学的嘛。”王振说道，“好，那我们继续了。”

“刚刚这位同学说得还是挺到位的，我这边没什么需要补充的了。”王振继续进行模拟授课，“那你们一定很好奇，既然给我们一个错误的案例了，那我们该怎么做比较好呢？怎样进行下属辅导面谈才是比较合理的呢？在这里我就要给大家讲解一个下属辅导面谈的RAVE模型。”说着，王振在PPT上打出了RAVE模型（表5-10）。

表5-10　RAVE模型

模型定义	模型解释
R：review	回顾目标，回顾重要事件，定下沟通谈话的大致基调
A：analyze	分析目标的达成情况，对做得好的进行表扬，并询问其成功经验；对做得不够好的也要及时指出，并引导下属寻找原因，努力改进
V：vision	重新定位目标和方向，树立新的奋斗目标
E：encourage	给予鼓励和激励，让员工有更高昂的斗志迎接新的挑战

“RAVE 模型是由 4 个英文单词的首字母缩写而组成的一个模型，告诉我们可以通过这样 4 个步骤去和员工进行辅导面谈。第一步叫 Review，就是要先回顾目标，回顾前一个考核周期的绩效指标等内容，这些内容是后面谈话的基础。第二步是 Analyze，就是要去分析利害得失，做得好的要发扬光大，做得不够好的，要提出，并作修正，避免再犯。第三步是 Vision，基于员工的个人能力和过往的绩效表现，重新订立新的目标。最后一步是 Encourage，要鼓励员工去达成任务，给予信心和勇气。用这样的方式和员工去做沟通是有结构的，可以防止我们随意发散，同时可以很好地引导整个沟通节奏。同时整个谈话的氛围也很重要，因此在第一步回顾目标之前，也可简短说一些题外话，来营造一个较为轻松的沟通氛围。给大家举个例子。”说着，王振抽出一份资料（表 5-11），发放给学员。

表 5-11　辅导面谈的正确例子

杨经理：来，刚从上海回来吧，辛苦了。 赵班长：还好，听从领导安排，客户是我们的衣食父母。 杨经理：今年司机班安全方面做得不错，资料上好像只有一起小交通事故，全年没有发生大的事情，很不错呀！ 赵班长：本来还要更好呀，就是那一天，不知道哪个冒失鬼，要转弯方向灯也不打，结果小李来了个急刹车，把对方的车屁股碰了一下，保险杠凹进去了。 杨经理：这一年来，大家都很辛苦，能做到大的安全事故为零，这个成绩真是不容易啊，非常棒。你有没有采取什么好的措施啊？ 赵班长：有措施啊，每天上班前开早会，大家集中在一起大吼一声“安全第一”，然后考核，出事故的车要扣分，挨批评，回来站墙角5分钟，不能说一句话。当然，站墙角是意思意思，主要是让大家能增强安全意识。 杨经理：我听说，公司出公车，保安拿到出车单时，会对司机说一声“注意安全”，是有这样的事情吗？ 赵班长：有，还是为了安全，平时我们也互相提醒开车不要打手机，不要加塞，不要酒后开车，不要疲劳驾驶……这些都反复提醒。 杨经理：做得非常好，这是成功的经验，明年要继续保持。

杨经理：但是我们司机班也有问题，被考核小组扣了5分，你知道吗？

赵班长：谁这么黑啊？我们这么辛苦，是什么问题啊？

杨经理：有客户向我们投诉说，门难进，脸难看，话难听，你看这是投诉单，这是怎么回事啊？

赵班长：这个……其实也不是我们故意的，因为开车辛苦，有时难免会发发牢骚，与他们争两句，王总反复强调指出增强客户意识，我们做得还不够啊。

杨经理：是啊，公司里面现在是同事关系，更是客户关系。我建议你，在司机班既要表扬一年来不出事故，也要求大家加强服务意识，以免有争论，不能再让公司内部人员进行投诉了。

赵班长：好的，我回去之后一定提到这点，叫大家练习微笑，露8颗牙齿。（用手指撑开嘴角，做微笑状）

杨经理：哈哈，有问题不怕，只要改正就好，相信大家一定会提升服务态度的，就这样吧。

赵班长：谢谢经理，我走了！

“好，这个案例看完之后，我想请每组学员讨论一下，大家觉得这个案例里面哪些方面做得比较好？哪些方面是值得你学习的？大家讨论 10 分钟，然后待会儿每组派个代表上台分享一下。”王振给大家发布讨论的指令。

“好，假设现在大家都讨论完了，同时也都上台分享了。其实大家会发现这个案例中的杨经理就是运用了 RAVE 模型进行了辅导面谈的沟通。”王振说道，“当沟通有框架之后，就会比较有效率，同时能保持沟通的氛围较为和谐。”

“另外还有一点是需要我们关注的，那就是在此次讲话中，杨经理在沟通反馈这一环节做得也是挺好的。反馈是沟通的一项润滑剂，能够让彼此之间的沟通衔接更顺畅，减少和避免冲突的产生。关于反馈的一些注意事项，我给大家看一些内容。”说着，王振翻开了下一页 PPT（表 5-12）。

表 5-12　反馈的注意事项表

反馈语言不要这样做	反馈语言应该这样做
判断性语言：你怎么干出这么蠢的事情	描述性语言：你能解释一下为什么会这样吗
权威性态度：我们必须这样做才能准时完成任务	支持性态度：要准时完成任务，你有什么建议吗
优越性表现：你刚来多长时间呀？能比我更有发言权吗	平等性表现：我们一直都这么做的，可我想听听你的意见，看我们是不是能做得更好
独断专行的表现：别再多说了，这就是最好的解决办法	能接受他人建议的表现：这是我所能想到的最好的解决办法，你看还有什么别的办法吗
沟通反馈不具体：王强，你可真懒，你这是什么工作态度啊	沟通反馈要具体：王强，最近3天，你连续迟到3次，能不能解释一下原因啊
沟通反馈不积极：张华，你在上次会议上的发言效果不好，这次发言之前你是否能先给我讲一遍	沟通反馈要积极：张华，你是否能把准备的发言先给我讲一遍？这样可以帮助你熟悉一下内容，使你在现场能更加自信

“反馈语言虽然字数不多，占比也不大，但如果表述不好，也会收到反效果，所以希望大家能够注意。”王振指着 PPT 上的反馈注意事项表，说道。

“学习了 RAVE 模型之后，接下来就是我们活学活用的时间了。接下来我会给各位呈现一个辅导面谈的背景，希望大家能在小组内选一个搭档，形成两人小组，然后用 RAVE 模型的方法和步骤进行沟通交流，并注意使用反馈语言。”说着，王振在电脑中打开了一个 Word 文档，上面出现了一个案例的背景介绍（表 5-13）。

表 5-13　辅导面谈案例背景介绍

你是公司销售部的部门经理，现在是月初，你需要和下属就上个月目标的达成情况进行一对一的沟通面谈，假设其中一位下属上个月的销售目标是50万元，最终完成销售业绩是30万元。你需要用RAVE模型来进行沟通，回顾他上个月的目标，分析达成情况，并重新定本月的目标，最后要鼓励他，让他更有干劲。

“好，基于这个案例背景，两人小组中一个人扮演部门经理，一个人扮演下属，部门经理用10分钟的时间和下属用RAVE模型进行面谈交流。辅导面谈结束后，互换角色，由另外一位搭档扮演部门经理，剩下的扮演下属，再进行10分钟的面谈交流。沟通完之后就可以互相握个手，结束练习。好，现在开始。”王振说道。

“刚刚的20分钟，看到大家沟通得非常热烈，请问大家有没有发现什么问题？有没有什么新的收获？来，许静，我还是问你吧。”王振问许静道。

“虽然这个模拟授课中，只有我一个学员，我也没法找人练。但是基于你给我看的案例，我觉得要做好辅导面谈，前期的准备还是挺重要的，比如你要准备下属考核的资料，你要准备问哪些问题，同时你要思考下属有哪些方面做得比较好，哪些方面做得不够好的。另外，我还觉得，在沟通中，应该让下属多说话吧，这样可以多了解下属，帮助下属，而不是经理在那边一人发表意见，这样效果就会打折扣。”许静回答道。

“你都没有练习过，能够说出这两点，也是挺不容易的。”王振说道，“我在你的基础上再补充几点：第一点就是我们给员工做辅导面谈的时候一定要注意营造氛围，要让被访谈者感觉轻松自在，这样他才能打开话匣子；第二点是在分析完利弊之后，要协助下属在其能力范围内制定一个新的目标，这个目标不能是遥不可及的，而是要跳一跳能够得到的；第三点是最后别忘了给员工鼓励，面对挑战和困难，员工肯定会心有余悸，这时候你要明确地告诉员工，你相信他的潜力，同时你会在他需要的时候伸出援助之手，帮助员工达成目标。”

“确实，每一次和下属的辅导面谈就像一场战役，不可轻敌，只有全力以赴，做足准备，才能收到预期的效果。”许静认可道。

“是的，你说得没错。刚刚我就是结合 RAVE 模型这个技能类内容模拟授课了引、讲、练、评的 4 个步骤。你这边有没有什么疑问？”王振问许静道。

“没有了，你讲得蛮清楚的。”许静说道。

“好的，那我们接着讲，知识类内容的 4 个步骤和技能类内容的 4 个步骤都讲了。最后，我给你讲讲态度类这样的内容该怎么结合引、讲、练、评 4 个步骤来进行讲解。”王振说道，“我们还是拿‘卓越管理者的 5 项修炼的课程框架’中的内容来举例子。假设教练技术这个章节中的教练型领导的意义这个二级大纲的内容很重要，是打 5 分的，那后面的三级大纲内容我们就应该按照引、讲、练、评的四步骤来进行讲解，接下来我还是开始模拟授课。”说着，王振又站到了会议室前端。

“在讲解内容之前，我想首先问大家一个问题，大家从小到大，有没有一位老师或是长辈是你印象深刻的？可能因为他给了你很多帮助，或者教会了你很多，或者是你的精神导师等。你可以把他称为是你生命中的贵人。来，大家有想到吗？有想到的可以来和我们分享一下这位贵人吗？”王振向学员发起了邀请。

因为整个会议室只有许静一位学员。许静当仁不让地作为学员代表上台做了分享：“我想到的这位贵人，是我在上一家咨询培训公司的老领导，他是我们的部门经理，姓严，虽然年纪不大，但是工作经验非常丰富，在工作上给予我非常多的指导和帮助。有一次，我们公司承办了一次大型的企业家峰会，会议要持续开 5 天，我们请了 10 位当时国内各领域的顶尖学者和专家，每位专家分享半天。这个活动当时公司从上到下都是非常重视的，正当大家紧锣密鼓、有条不紊地准备活动时，我们的美女主持因为外出游玩骑自行车时不慎摔倒，导致腿部骨折，暂时无法站立，而这时候离开会议开幕只有20天了。公司开会本来想外请主持人进行会议主持，但严经理还是向总经理极力推荐了我，他认为我没问题，是可以胜任这次主持的。结果，我就被这样推上了火线，但是严经理把我推荐出来之后，并不是撒手不管，而是协助我一起写主持稿，一起写串场词，一起分析每位专家的特点，在台下做听众聆听，并点评和辅导我，一次不行就两次，两次不行就三次，三次不行就四次，直到我能流利地陈述为止。那段时间我压力特别大，人瘦了5斤。但严经理却一直给我鼓励，给我打气，认为我是没有问题的。最后在一位成熟的男主持的带领下，我顺利地在500多名观众就座的会场完成了主持工作，我内心的激动和成就感是无法言表的。所以我非常感谢这位严经理，能够无私地帮助我，辅导我成长进步。”许静说着说着，眼角竟然都有些湿润了。

“很棒，没想到你还有这么精彩的经历。”说着王振给许静鼓起了掌。

“刚刚大家的分享都很精彩，也让我看到了大家对贵人的感激和感恩之情。现在请大家想一想，你觉得贵人对你来说像什么？或者对你来说意味着什么？”王振问道。

“我觉得贵人就像我的灯塔，引领我去到我没去过的地方，并为我照明，帮助我克服困难。”许静回答道。

“很好，大家的回答都很棒，说明大家有用心在思考。”王振假装大家都回答了这个问题，“我们说大家为什么对贵人印象深刻，难以忘怀，因为他助你成长，他燃烧自己，照亮别人。同时他愿意去开发各位的潜能，帮助大家能够自我发展并实现目标。我们把这样的一种人叫教练型领导。

教练型领导可能像镜子，因为他反映了你的心态，映射了你当时的心境。他可能是指南针，帮助你明确自己的方向。他可能像催化剂，促使你更快地达成自己的目标。他也可能像钥匙，帮助你找到并打开成功之门。所以当你成为教练型领导时，你的价值会被放大，并把你的价值观传递得更远。你看大家离开这位贵人都这么长时间了，还对其所做历历在目，这就是最好的证明。”

“既然教练型领导对企业那么重要，那我们接下来让大家做一个归类的练习。我会给大家呈现 12 条教练型领导的意义，大家分别把这 12 条意义归类到对公司、对培育者、对被培育者这 3 类角色中。我给大家 8 分钟的时间，看哪组先完成。”王振说道，打开了 PPT（表 5-14）。

表 5-14 12 条教练型领导的意义

1. 改进员工的工作表现
2. 强化公司面对转变的弹性和能力
3. 履行管理层职责，有效地帮助员工发展
4. 与上司建立良好关系
5. 提升工作表现和生产力
6. 更有效地善用人才、技术和资源
7. 减低忧虑和工作压力，让自己有更多时间做好管理工作
8. 增加自信和工作满足感
9. 增强公司的生产力和绩效
10. 获得发展机会
11. 与员工建立良好关系
12. 有利于建立人才梯队

“好，刚刚大家都分享了你们的答案，现在我把正确答案给大家公布一下。”说着，王振打开 PPT，呈现了教练意义的 3 项归类（表 5-15）。

表 5-15　教练意义的三项归类

公司：
1. 改进员工的工作表现
2. 增强公司的生产力和绩效
3. 更有效地善用人才、技术和资源
4. 有利于建立人才梯队
5. 强化公司面对转变的弹性和能力
培育者：
1. 减低忧虑和工作压力，让自己有更多时间做好管理工作
2. 履行管理层职责，有效地帮助员工发展
3. 与员工建立良好关系
被培育者：
1. 提升工作表现和生产力
2. 增加自信和工作满足感
3. 与上司建立良好关系
4. 获得发展机会

“所以通过呈现 12 条意义，我们发现教练型领导对企业组织、对自己、对下属都是非常有效的。但即使这么重要，还有些领导不愿意这么去做，还给出了六大理由，分别是没有时间、自己做比较快、教了徒弟饿死师傅、死活都教不会、与其流失不如罢手、都是培训部门的事。这六大理由在企业里普遍存在，下面我们分成 6 组，每组针对一个理由，然后大家讨论，该用什么方法可以帮助领导修正这样的想法，毕竟这样的想法对组织人才发展是不利的。给每组 10 分钟的时间，由组长带大家讨论一下，讨论完之后，找一位伙伴上台分享一下。”王振分配了大家讨论的任务。

“假设大家都讨论完了，也都分享完了。”王振说道，“现在我要简短做个点评。刚刚每组分享的做法还是有一定的借鉴意义的，比较贴合实际。这里我把第四点‘死活都教不会’给大家做个简单的点评和讲解，以给大家一些新的思路。领导认为下属死活教不会一般来说有两个理由。一个是招聘的时候出了问题，就是招进来的下属不具备可栽培性；第二种是领导的教导技巧不够。我们举个例子，在珠海有一家小提琴训练班，非常有名，要报名参加的家长络绎不绝，宁愿排队也要把孩子送到这个培训班。你会发现他们的老师其实挺普通的，但是教出来的孩子却一个一个都考上了名牌学校。他们怎么教的呢？一般孩子去练琴，都是先练指法，然后学了一会儿，孩子就脖子疼，胳膊酸，本来很有兴趣，这样一折腾之后就觉得太苦、太累，就没兴趣了。而父母觉得交了钱了，琴也买了，孩子不练太浪费了，就逼着孩子学，孩子学得很痛苦，积极性完全打消了。这个培训班却是这么教的，孩子报名之后，先坐在教室后面看其他小朋友拉小提琴，小朋友看着好奇，就想去拉啊，结果拿起自己的小提琴，还没拉呢，‘啪’就被老师打了一下，说不准动，放下来。但是小孩是逆反的，你越不让他动，他越想动，结果就趁老师不注意‘嘎吱’拉了一下，觉得太有趣，太好玩了。好不容易等到三天的观察期过了之后，老师让大家开始拉小提琴，但是每次只让拉 10 分钟，10 分钟一到又开始观摩，包括到后面练指法都是这样的方法，这可把孩子的兴趣都给调动起来了。老师在下课前还说，谁都不许回家练习，谁偷偷练习，回来就要接受惩罚。结果大家回去都偷偷练琴。第二天回来，老师一问，你们现在拉得这么熟练，是不是回家练习了？大家都说没有。然后老师说：‘你们太优秀了，天赋真好，不用练习都拉得这么好，都超过老师了。’但是大家自己知道，回去是偷偷练习了。所以这样的方式根本就不用布置作业，不用逼着大家，因为是兴趣引导教学。所以对员工的训练也可以这样，让他产生兴趣，这样才会事半功倍。”

“所以以上我们讲解了教练型领导对组织等三方的重要意义，以及我们如何克服培育下属的六大理由，让教练型领导在企业能够成为常态，希望大家都能在心态上做一些改变，只有改变，下属才能通过你的辅导受益。”王振说道。

“你最后讲的那个故事挺好的，兴趣确实是学习最好的伙伴。”许静说道。

“是的。用引、讲、练、评 4 个步骤讲解态度类的内容点，我的讲解也结束了。对于 5 分的重要内容，我们应该用这 4 个步骤去组织教学，这样才能把关键内容点讲透。”

“是的，王经理，你说得没错，同时 5 分重要值的内容会讲了，1 分和 3 分的也就会讲了，因为 1 分和 3 分是包含在 5 分里面的。”说着说着，许静摸摸肚子说道，“好饿啊，学习费脑子，肚子也容易饿。王经理，走，我请你吃饭吧，庆祝我们的混合式学习项目得到高层的认可。”

“好，那就给你个机会请我吧。我们走吧！”王振打趣道。

第六讲

开发教学课件

“王经理，我用你上次课上说的引、讲、练、评去对课程内容做教学设计，还真是挺有效的，同时我也能明确课程的重点。虽然以前也有引导和互动的意识，但是现在分成4个步骤，同时对知识、技能、态度采取不同的教学方法之后，就更加灵活了，也能取得更好的课程效果。”许静刚等王振跨进会议室，就说道。

“你本来底子是不错的，再加上好学，并学以致用，收获肯定很大，用不了多久，你就可以超过我了。”王振感叹道。

“那我可不敢，俗话说，一日为师，终身为那个啥嘛！”许静故意没说出后面的那个“父”字。

“原来我们许大小姐也有害羞的时候啊。”王振调侃道。

“嘿嘿，我的理解是一日为师，终身为师。”许静说道，“是哪个字无所谓，关键是我的心意到了。”

“看在你那么严肃地瞎侃的份上，我就姑且同意吧。”王振表示无语。

“今天我们要讲开发教学课件，这也是倒数第二个模块，也就是说我们的学习即将告一段落。教学课件是一个文件包的形式，主要是辅助老师的教学和授课。一般由 PPT 课件、讲师手册、学员手册、考试手册和案例手册 5 个部分组成。”王振一边说着，一边在白板上写下了 5 个教学课件的名称。

“首先我们来说说 PPT 课件。PPT 课件是老师授课当中使用频率最高的教学课件，几乎每位老师上课都会用 PPT 课件，通过使用 PPT 课件，可以展示老师授课的核心内容，帮助老师抓住课程的主线。同时也能通过展示核心内容，让学员跟上老师的授课步伐，作为视觉线索导航课程的位置，进而提高老师授课的效率，提升学员听课的接受度。”王振说道。

“PPT 课件很重要，但是 PPT 课件的页码数量并不是越多越好，也不是越少越好，一般有一些限定和要求。”说着，王振翻开一页新的 PPT，上面呈现了一个表格（表 6-1）。

表 6-1　PPT 课件页数与授课时间关系表

课程	授课时间计划	PPT页数
少于8分钟	1分钟1页	8页以内
8～30分钟	大约3分钟1页	4～10页
30～90分钟	3～5分钟1页	6～30页
半天（3小时）	6～8分钟1页（包括课堂讨论、活动）	20～35页
一天（6小时）	7～10分钟1页（包括课堂讨论、活动）	30～50页
两天（12小时）	7～10分钟1页（包括课堂讨论、活动）	70～110页

“这个表格我以前还真没关注过呢。”许静看着PPT课件页数与授课时间关系表，若有所思道。

“这个表格被关注度不高，但是挺重要的，如果你讲课的时间短，但是PPT数量太多的话，那就只会照本宣科，缺乏和学员的互动和交流；但如果课程时间长，PPT页数太少的话，又会出现讲课时间不够活动凑的情况。所以合理的PPT数量对于讲课来说是加分的，能让老师更从容。”王振解释道。

“这个我还是很有感触的，有时候我看我们集团有些老师上课，就是时间短，但是PPT页数太多了，所以讲到后面来不及讲，就拼命翻PPT，结果效果也不好，大家听着很累，信息量过大，消化吸收不了。”许静说道。

“是的，所以现在审核课程的时候，我们也加大了这方面的审核力度，尽量避免发生PPT页面数量与讲课时间不符的现象。”王振说道。

王振看许静点了点头，就继续往下讲解：“讲到PPT课件，重要是PPT的制作，因为PPT的制作方法在网上有很多成熟的技巧和模板，同时也有很多书籍介绍PPT制作技巧，这里我就不重点介绍，你只要买几本这方面的书，稍微做些研究就可以了。我这边主要教你最实用、最方便的两个步骤，能帮你节省PPT的制作时间。”

“你现在是怎么做PPT的？”王振问许静。

“我现在感觉PPT制作的效率挺低的，也不知道是什么原因。我一般一边在PPT上打字，一边在想着怎么去美化PPT，把它变成图示或图文搭配。”许静回答道。

“这就是你慢的原因啦。我们之前说老师上课的时候要调动学员的左右脑，要情理并茂。但是做 PPT 的时候恰好相反，要先左脑，后右脑。否则就会错乱。怎么说呢？就是要先用左脑梳理逻辑，把你在建构课程内容中所做的课程框架全部迁移到 PPT 上来。一般来说。一级大纲就是你 PPT 课件里的目录，有几个一级大纲，就有几个目录章节。一级大纲下面的二级大纲就是子目录，代表一级大纲要从这几方面展开讲解。而三级大纲就是每页 PPT 的标题和内容。我们还是拿卓越管理者的 5 项修炼的课程框架来举个例子吧。”说着，王振又调出了卓越管理者的 5 项修炼的课程框架表格（表 6-2）。

表 6-2　卓越管理者的 5 项修炼的课程框架

一级大纲	二级大纲	三级大纲
高效沟通技术	沟通概论	沟通的“两个70%之说”、沟通漏斗原理图、有效倾听的“五到”
	与上司的沟通	让上司知道并请示的艺术、汇报的艺术、让上司省心、为上司分忧、提升行动力、如何处理上司不讲理、如何对待上司的越级指挥
	平行部门的沟通	常规工作的例行沟通、常规会议的例行沟通、特殊问题的专项沟通、友好往来的半正规沟通、特殊对象的书面沟通
	部门冲突解决与处理	托马斯·吉尔曼冲突处理二维模型、冲突处理策略
有效激励技术	激励认知	激励测试题、激励定义、激励的强化功能、激励的示范功能、激励之外在报酬和内在报酬
	激励原理	马斯洛需求层次论、认知对比原理、双因素理论、期望理论、XY人性理论
	非货币激励九大方略	愿景激励、赞美激励、荣誉激励、晋升激励、情感激励、培训激励、竞争激励、授权激励、娱乐餐饮激励
目标管理技术	目标达成的八步骤	目标制定、策略研讨、计划落实、执行开展、培训辅导、过程控制、产出结果、面谈改善

（续表）

一级大纲	二级大纲	三级大纲
教练技术	4种“才”的情景领导	哈佛人才情景领导案例分析
	教练型领导的意义	教练型领导的定义、教练型领导的6个障碍、教练型领导的意义
	教练教什么	技能：3种辅导方式的有效应用（GROW模型、RAVE模型、三明治批评法）；知识：4项准备与OJT口诀的运用；态度：巧用情景领导力提升员工意愿
团队建设技术	团队发展4阶段	成立期特征及如何应对、动荡期特征及如何应对、稳定期特征及如何应对、高产期特征及如何应对
	团队领导方式	命令式领导、教练式领导、支持式领导、授权式领导
	团队成员的4种性格分析	力量型风格、活泼型风格、完美型风格、和平型风格
	满足4型性格的40条秘方	满足力量型的10条秘方、满足活泼型的10条秘方、满足完美型的10条秘方、满足和平型的10条秘方

“在这个课程里，共有5个一级大纲，所以目录页应该有5个章节，分别是高效沟通技术、有效激励技术、目标管理技术、教练技术和团队建设技术。而第一个章节高效沟通技术里面又分为4个二级大纲，所以应该就有4个子目录，分别是沟通概论、与上司的沟通、平行部门的沟通和部门冲突解决与处理。而沟通概论里面沟通的“两个70%之说”、沟通漏斗原理图、有效倾听的‘五到’就是下面具体的内容标题和内容了。这些内容，我们应该按照课程框架的逻辑顺序，把它们全部迁移到PPT中来，这时候只负责输入文字，只负责动用左脑，至于美化和图示之类的，我们等文字全部输入之后，再来做。这就是我前面说的，先左脑，后右脑。”王振说道。

“给你举个例子，以下是卓越管理者的5项修炼的目录页，子目录和PPT的内容页。”说着王振打开了另外一个新的PPT（图6-1～图6-5）。

目录

- 高效沟通技术
- 有效激励技术
- 目标管理技术
- 教练技术
- 团队建设技术

图 6-1　卓越管理者的 5 项修炼的目录页

高效沟通技术

- 沟通概论
- 与上司的沟通
- 平行部门的沟通
- 部门冲突解决与处理

图 6-2　卓越管理者的 5 项修炼的子目录

沟通的“两个70%之说”

- 企业管理者70%的时间用于沟通上
- 企业中70%的问题是由于沟通障碍引起的

图 6-3　卓越管理者的 5 项修炼的 PPT 内容页 1

沟通漏斗原理图

- 你心里想的100%
- 你嘴上说的80%
- 别人听到的60%
- 别人听懂的40%
- 别人行动的20%

图 6-4　卓越管理者的 5 项修炼的 PPT 内容页 2

有效倾听“五到”

- 听到
- 口到
- 眼到
- 手到
- 心到

图 6-5　卓越管理者的 5 项修炼的 PPT 内容页 3

“以上第一步，先把课程框架的内容全部迁移到PPT中，只输入文字。”王振说道，“把文字全部输入好之后，再整体对文字做美化和修饰。你看这几页美化之后的效果。”说着王振继续下翻PPT（图6-6～图6-10）。

图6-6　卓越管理者的5项修炼的美化子目录

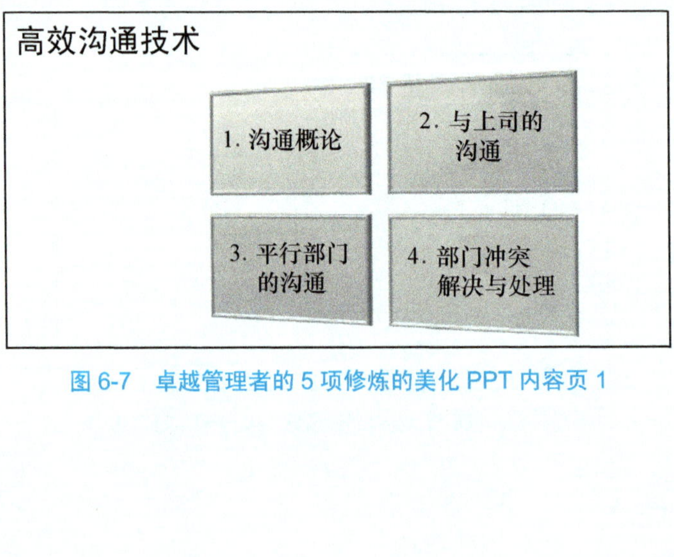

图6-7　卓越管理者的5项修炼的美化PPT内容页1

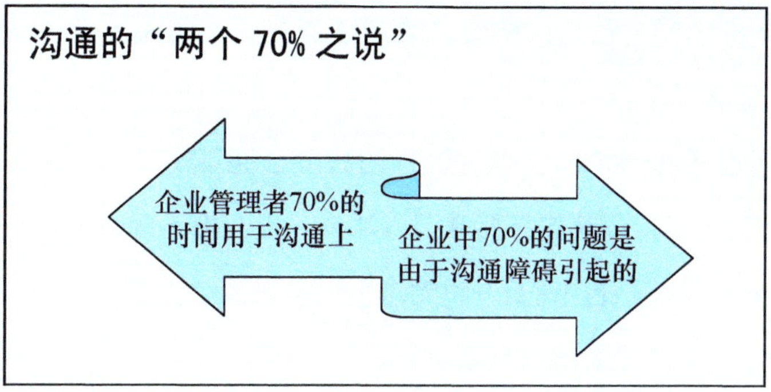

图 6-8 卓越管理者的 5 项修炼的美化 PPT 内容页 2

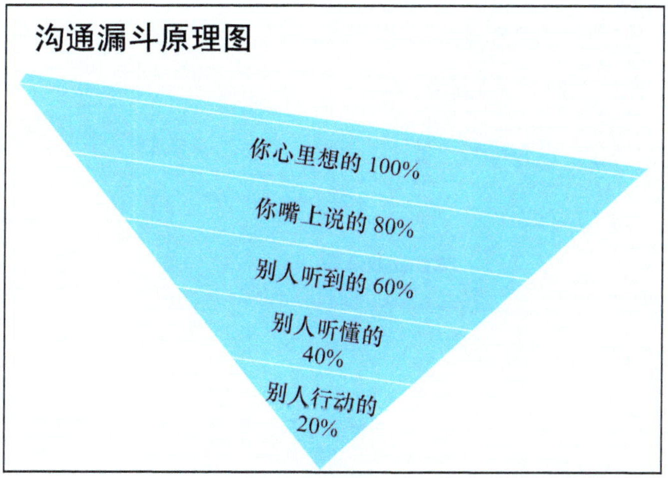

图 6-9 卓越管理者的 5 项修炼的美化 PPT 内容页 3

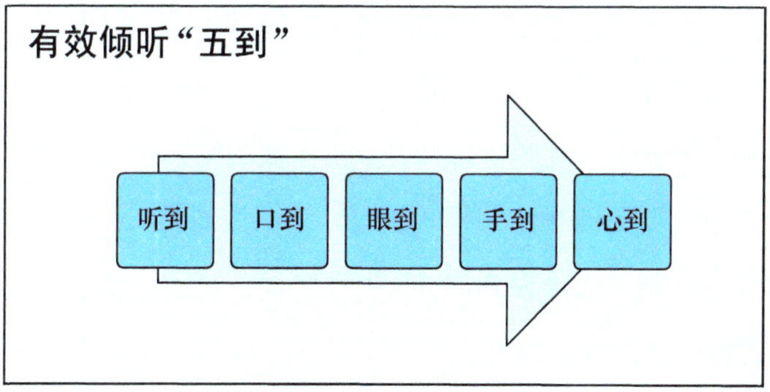

图 6-10 卓越管理者的 5 项修炼的美化 PPT 内容页 4

“哇，变化好大啊，这样效果的 PPT 美化一定得做很长时间吧？”许静惊讶地说道。

“我们授课的 PPT 其实做到这样的程度已经不错了，毕竟我们不去参加什么 PPT 比赛。你其实只要掌握方法，一点儿都不费时间。这样的功能 Powerpoint 里面都是自带的。”说到这里，王振故意卖了个关子，慢慢悠悠地喝了口水，这可把许静急坏了。

“你快说啊！王经理，急死我了！”许静催促道。

“这个功能就是 Powerpoint 的 Smartart 功能，我给你简单讲解一下怎么做。”说着，王振开始操作电脑。

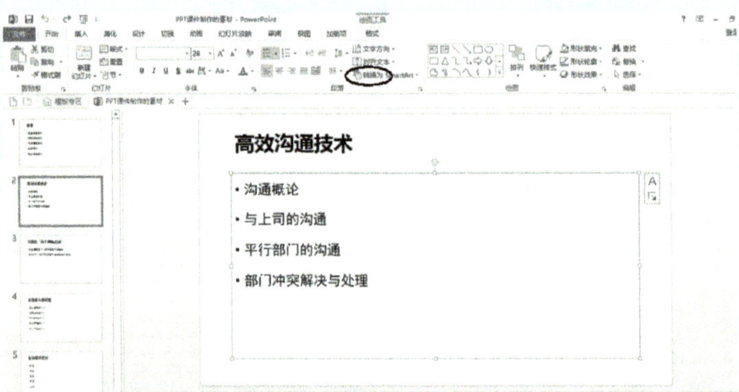

图 6-11　选择 PPT 正文文字，再选择 Smartart 图标

“首先，选择你书写的文字内容，在开始—段落中的转换为 Smartart 的功能键就会由虚变实，这时候你只要点击上面的图形，文字就会变成相应的图形，接着只要更改颜色和样式就可以了（图 6-11 ～图 6-13）。当然这里要注意 2 点，第一点因为 Smartart 中有列表、流程、循环、层次结构等 7 种图形逻辑顺序，所以你要选择的逻辑顺序应与文字的逻辑顺序是一致的。比如这一页这 4 个子目录是并列的，就可以选择列表的逻辑顺序。第

二点要做 PPT 的美化，配图示，就代表 PPT 上的字不能太多，只能呈现关键词，要不然转换之后内容不够精简，学员无法辨识，同时老师也会容易在授课的时候念 PPT，而不是讲授 PPT。”

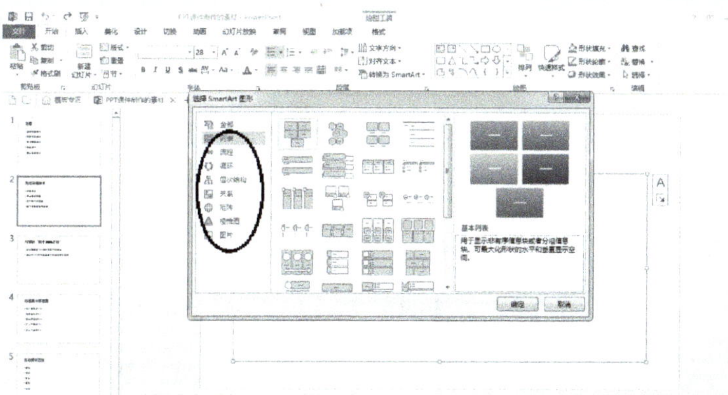

图 6-12　点开 Smartart 图标，并根据文字的逻辑顺序选择相应的图示

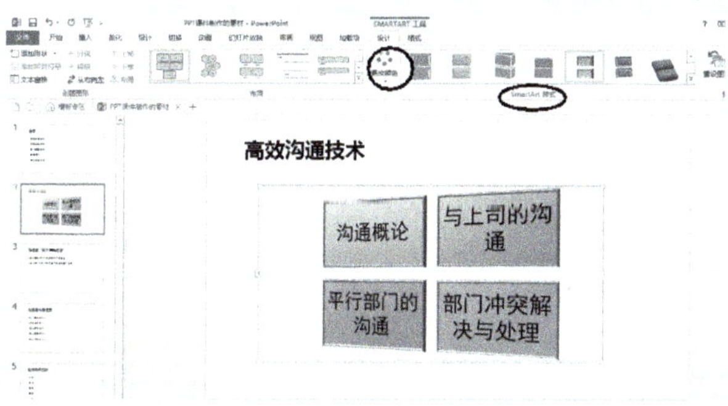

图 6-13　最后做图示的样式和颜色的更改

“哇，原来这么简单啊。照这样的方式去做，可以帮我节省很多做 PPT 的时间了，同时 PPT 的效果也不会太差。谢谢王经理给我这个大招。”许静欣喜若狂地说道。

“哈哈，你不用谢我，要谢就谢微软做了这样的软件和功能。”王振被说得不好意思了。

“另外我再补充一点，PPT里自带的Smartart图示虽然方便，但是毕竟样式比较少，如果你要寻求更多的图示，做一些改变，也可以去百度文库搜索，你只要输入‘PPT图示’这样的关键词，里面就会出现很多图示模板，而且很多都是免费下载的。这样你只要把自己喜欢的图示复制到你的PPT里面，添加上文字就可以了。”王振说道。

“好的，我知道了。这下我的PPT也能做得高大上了，而且还不用花太多的时间。”许静由衷地感到高兴。

“你有收获就好啊。”王振看到许静收获那么大，自己也觉得很有成就感，很开心，“讲完了PPT课件的部分，我们再来讲讲讲师手册的内容。讲师手册的主要功能我认为有两点，一个是记录授课的要点，每一页PPT的内容用什么方法去讲授，大概花多少时间，需要什么资源，等等。当你把每页PPT都写细了之后，就方便课程的传承和复制，就会防止因为老师的离职导致组织智慧的流失，同时新老师看到这些内容也能快速上手。一般来说，我们会从4个方面来对每页PPT做备注和注解，就写在PPT下面的备注。这样方便老师在准备的时候可以结合当页PPT看操作说明，同时课件PPT放在一起，也方便保存，不易遗失。接下来，我给你看看PPT备注的4个方面。”说着，王振打开了一张表格，如表6-3所示。

表6-3　讲师手册PPT页备注的4个方面

4个方面	具体解释
讲授时长	指本页PPT需要占用的时长
教学方法	指本页PPT需要使用的教学方法。如讲授法、游戏法、案例研讨法等，一般来说教学方法的数量与讲授时长成正比，即时长越长，教学方法一般越多样化
内容要点	指本页PPT中讲师所说所做的内容罗列，这些内容是讲师要体现授课效果必须提到的
辅助资源	指讲师运用教学方法或讲授内容要点时所需要的物质或非物质资源

“来，看了 4 个方面的具体解释之后，我给你看个例子吧。我还是以卓越管理者的 5 项修炼中的 PPT 来做举例。”说着，王振按了 PPT 的备注按钮，上面出现了 4 个方面的具体解释，如图 6-14 和图 6-15 所示。

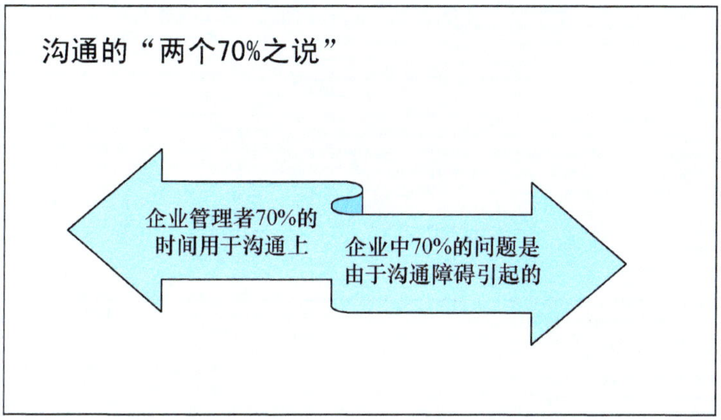

讲授时长：12分钟
教学方法能：讲授法、游戏互动法
内容要点：
讲授：美国通用电气前任总裁杰克·韦尔奇说过：“能够同下属有效沟通对企业领导人的工作成效有很大的推动作用。为此，我每天都在努力深入每个员工的内心，让他们感觉到我的存在。即使我在很远的地方出差，我也会花上16个小时与我的员工沟通。”
游戏：撕纸游戏
总结：1. 双方的理解有偏差，导致大家撕纸呈现的结果是不一样的。
2. 这种沟通障碍在公司普遍存在，其让上下级关系紧张。
3. 解决沟通障碍迫在眉睫，且意义深远。
辅助资源：每人一张A4纸

图 6-14　沟通的“两个 70% 之说”的 PPT 备注

“这样做好备注之后，老师对整个 PPT 要上什么内容都一目了然了，同时新老师上这门课，也能做到八九不离十，因为内容要点都已经呈现在上面了。”许静说道。

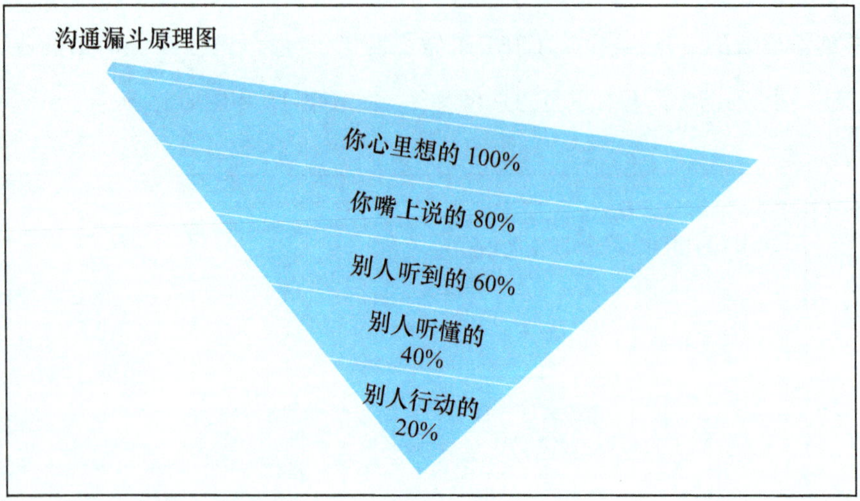

讲授时长：8分钟
教学方法：讲授法
内容要点：
讲授：哈雷彗星的故事
总结：1. 100%～80% 的衰退：无讲话纲要；有些话不好意思开口。
2. 80%～60% 的衰退：沟通的时候不专注；没有对沟通要点做记录。
3. 60%～40% 的衰退：沟通时不懂装懂；确认对方是否理解时，提问单一，咄咄逼人。
4. 40%～20% 的衰退：没有给出解决办法；后续缺乏跟进进和追踪。
辅助资源：哈雷彗星的故事

图 6-15　沟通漏斗原理图的 PPT 备注

“是的，这就是一个简易的讲师手册，能够辅助新老师和老老师完成他们的教学任务。”王振说道，“接下来我和你讲讲学员手册的内容。学员手册顾名思义就是发给学员用的。让学员通过学员手册可以了解老师授课的内容，可以在上面做笔记，记录学习心得，同时也方便学员课后复习和查资料。现在很多企业一般把讲师 PPT 版的课件直接复制和复印就是学员版的 PPT 课件，这样的方式也是可以的。我这边再给你讲一种学员手册的编辑方法，以备不时之需。”

说着，王振来到白板边上，给许静边写边讲：“比如，我们拿沟通的‘两个 70% 之说’举例子，这是它的讲课版 PPT 课件。”（图 6-16）。

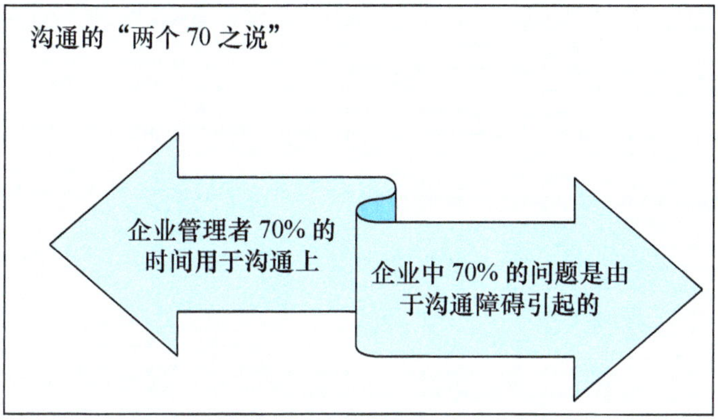

图 6-16　沟通的“两个 70% 之说”PPT

“如果要把它做成编辑版的学员手册，大概会呈现这样的内容，你可以对照看一下。”说着王振在白板上写下了编辑之后的学员手册内容（图 6-17）。

沟通的“两个 70% 之说”

85% 的成功人士把成功的原因归结于自己的沟通
及人际关系的能力超人一等。

- 第一个 70% 之说：____________________
- 第二个 70% 之说：____________________
- 撕纸游戏带给你的启示：____________________

____

图 6-17　沟通的“两个 70% 之说”的学员手册

“这就是编辑之后的学员手册，已经做了改头换面的调整，这样的学员课件可以引导课堂学习，让学员在课堂学习中更加主动，缺点就是制作这样的学员手册花费时间较长，且如果讲师版课件一旦变化，就要做调整，工作量较大。”

“嗯，所以现在还是直接把讲师版课件直接复印成学员版课件的比较多，这还是有现实意义的。”许静认可道。

“对的。学员手册就给你介绍到这里。接下来我给你讲讲考试手册，考试手册是基于科氏二级评估而出现的。二级评估需要考核学员学习之后有没有记住课程内容，有没有听懂应知应会的知识点，因此在学习之后需要考试，所以可以提前设计一些考试题目，合成一个册子，方便以后老师在考试手册里面挑选题目和答案，凑成一张试卷，就可以直接给学员答题了。”王振说道。

“一般在企业里，出现频率最高的几种出题方式：一是选择题，二是判断题，三是填空题，四是简答题。我们拿前面提到的沟通漏斗原理图举例子。”说着，王振往回翻PPT，找到沟通漏斗原理图这页PPT，如图6-18所示。

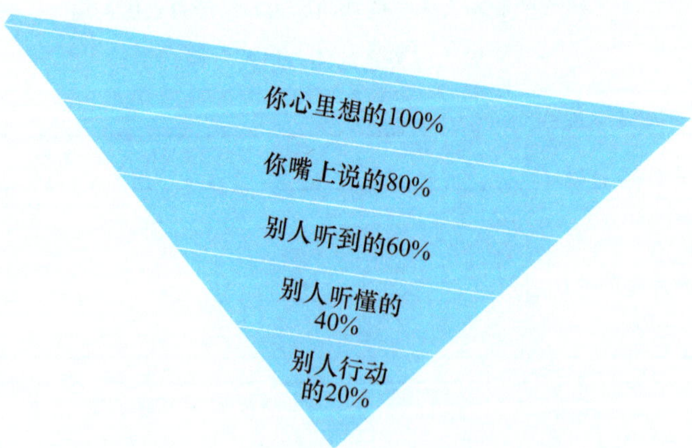

图6-18　沟通漏斗原理图

表 6-4　沟通漏斗原理图的出题举例

题型	题目
选择题	你心里想的是100%，但你说出来的却只有80%，这是什么原因？（多选题） A．无讲话纲要　B．别人不给你讲话的机会 C．有些话不好意思开口　D．讲话时间不够
判断题	你说了80%的信息，但别人只得到了60%的信息，这是因为你说话的方言太重了
填空题	别人听懂了40%你说的内容，但是去做的时候却只剩下20%了，这是由__________和__________造成的
简答题	请简述沟通漏斗原理图，并回答应采取什么措施避免沟通信息的不断衰退

“所以，王经理，你的意思是找到课件中比较重要的内容，然后出一些课程题目，组成一个考试手册，这样以后老师就可以根据课程中重点讲授的内容，然后挑选相应页面内容的考试题目，合成一份临时试卷，供学员在学习之后的测验之用，是这个意思吗？”许静问道。

“就是这个意思，因为根据学员的不同，根据时间长短的不同，上课会有侧重点，因此考试的侧重也不一样，所以有一个考试手册之后，就相当于有了一个考试题库，老师出试卷的效率就大大提高了。”王振回答道。

“没想到就这么小一个点，学问还是挺多的啊。”许静感叹道。

王振看看表，时间不早了。马上快到中饭的时间了。“最后我给你讲讲案例手册吧，为了让课程效果更好，丰富教学手段，课程中一般都会用案例来辅助教学，做案例手册就是把这些案例单独罗列出来，并注明讨论问题、讲评要点、适用对象等信息，方便讲师结合讲师手册进行使用。这里给你看一个例子。”说着，王振递给许静一张 A4 纸的打印资料（表 6-5）。

表 6-5　案例手册之案例呈现表

案例题目	一次成功的绩效面谈
案例适用对象	企业各部门主管级以上管理干部
案例内容	人物介绍：吴总，某公司总经理；工明，某公司客户服务部门经理 吴总：小工，这两天我想就你近来的绩效考核结果聊一聊，你什么时候比较方便？ 工明：吴总，我星期一到星期三准备接待公司的一批重要客户，星期四以后事不多，您定吧。 吴总：我星期五也没什么重要安排，那就星期五早上9点怎么样？ 工明：没问题！（星期五之前，吴总认真准备了面谈可能用到的资料，他侧面向工明的下属和同事了解了工明的一些工作状况，并对面谈中可能遇到的情况做了思考。星期五早上，公司小会议室） 吴总：小工，祝贺你啊，我听说你上个月飞到武汉参加了一个国际性的马拉松比赛，不仅完成了全部的赛程，并且成绩也是相当不错的。没想到我们的小工还是一位跑步健将啊！什么时候你也教教我，让我也能一口气跑个 5 公里、10 公里的。 工明（不好意思地摸摸头）：哎呀，吴总言重了，我就是自己喜欢，随便玩玩。不过跑步之后，我的身体状况确实有了明显的改观和进步。 吴总：是的，跑步确实是一项挺不错的有氧运动，你能坚持下来说明还是挺有毅力的。 工明：哈哈，谢谢吴总，吴总夸得我都不好意思了。 吴总：实事求是嘛，做得好我们就应该发扬和保持。今天呢，我们打算用 1 ～ 1.5 小时的时间对你在过去 3 个月的工作情况做一个回顾，首先我想听听你的自我评价。 工明：我的主要工作是领导客户服务团队为客户提供服务，但是效果不是很令人满意，我们制定了一系列的标准（双手把文件递给吴总），但满意客户的数量增幅仅为 55%，距离我们 80% 的计划还相差甚远，所以这一项我给自己合格。 吴总：事实上我觉得你们的这项举措是值得鼓励的。虽然结果不是很理想，我想可能是由于你们没有事先征询客户建议的缘故，但想法和方向都是没有问题的，我们可以逐步改善，这项我给你优良。 工明：谢谢吴总鼓励，我们一定努力。 吴总：说说下一个吧。

（续表）

案例题目	一次成功的绩效面谈
案例适用对象	企业各部门主管级以上管理干部
	工明：在为领导和相关人员提供数据方面，我觉得做得还是不错的，我们从未提供不正确的数据，其他部门想得到的数据我们都会送到，这一项我给自己优秀。 吴总：你们提供的数据准确性比较高，这点是值得肯定的。但我觉得还有一些有待改进的地方。例如，你们的信息有时会滞后，所以我认为还不能达到优秀的等级，可以给优良，你认为呢？ 工明：谢谢，我一定会更加努力的。 吴总：下面我们来谈谈你今后要继续保持和需要改进的地方，对此你有什么看法？ 工明：我觉得最大的优点是比较富有创造性，注重对下属的人性化管理，喜欢并用心培养新人。最大的缺点是不太注重向上级及时汇报工作，缺乏有效的沟通。我现在的部门是以新人为主，我将通过一些科学管理和培养的方法，打造一个坚实的团队，更好地服务公司，创造更好业绩。 吴总：我觉得你还有一个长处，就是懂得如何有效授权，知人善任；但有待改进的是你在授权后缺乏有力和有效的控制。我相信，你是一个有领导潜力的年轻人，你今后一定会成为公司不可或缺的中坚力量。 工明：好的，谢谢吴总！
讨论问题	1．案例中哪一点令你印象深刻，为什么？ 2、案例中哪一点是你平时面谈中容易忽略的，应该怎么改进？
讲评要点	1．留出足够的时间进行绩效面谈，并做好充分的准备 2．让双方明确沟通的时间和流程的安排，可有效控制面谈进程 3．开场寒暄营造沟通氛围，为后续沟通打下良好基础 4．引导询问的方式，让下属多说话，沟通节奏把握到位 5．以事实为依据，让对方信服，有说服力 6．注重沟通的激励，为谈话画下圆满的句号
注意事项	此案例在教授RAVE模型或绩效面谈时作为正面案例使用。

“这就是完整的一个案例的呈现资料，把一门课程需要的所有案例按照这种方式写好之后，组合在一起，就是这门课的案例手册了。”王振说道。

“确实像你说的，案例用这样的方式写出来就很详细，每个案例问什么问题，然后老师怎么去讲评，这些信息都有，就方便老师进行教学和辅导了。”许静说道。

“所以以上就是PPT课件、讲师手册、学员手册、考试手册和案例手册这5个部分组成的教学课件包。你还有没有什么疑问？”王振把PPT翻到一开始的页面，然后问许静。

“现在暂时没有，以后等有了我再问你。”许静说道。

“好，那我现在说两个字：‘下课！’”王振做了一个夸张的下课手势。

他这个动作可把许静乐得不行。

第七讲

验证评估课程

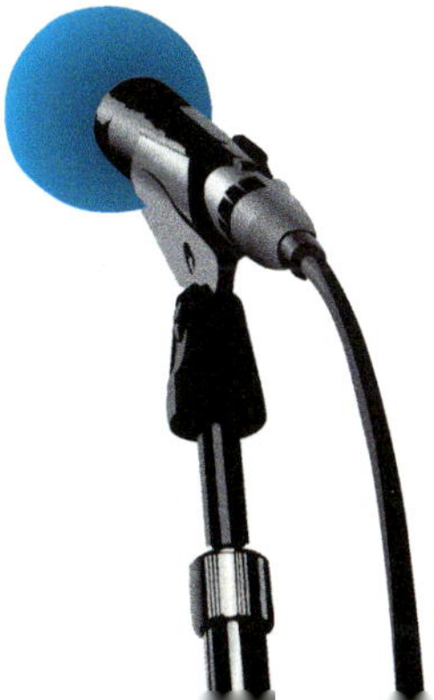

“时间过得真快啊，这都已经是最后一次课了，这次课上完了，我们的学习也就告一段落了。”王振感叹道。

“对啊，真快啊！我都还没学够啊。”许静说道。

“哈哈，再这么学下去，我发现我都没啥可以教你了。你看你学习能力那么强，很多内容我只要说一遍你就理解了。”王振说道。

“那只能说明老师教得好嘛！”许静说道。

王振摆摆手表示“没有那回事”，然后继续说道：“当我们了解了培训的需求，并制作了课程框架，同时设计了教学活动，也制作了教学课件包，课程开发的工作已经大体完成了。这时我们要做最后一个步骤，就是对课程进行评估验证，做小范围的验证试讲，成功之后，再推广给广大学员。”

“看起来验证评估蛮重要的，一切工作在这里做一个最终的考验。”许静说道。

“是的，课程验证的目的有以下几个：第一是确定培训的目的是否能达到，看是否随着课程开发的进行而偏离了原订的目标；第二个是验证培训内容的价值，培训对学员是否有帮助，以及课程的难易程度与学员现有水平的匹配程度；第三是对教学课件包的教学材料进行验证和修订，便于讲师的操作，便于学员接受和学习；第四是优化课程的呈现效果，验证课程的多种教学活动能否取得应有的效果，如果有就保持，如果没有起到效果，则要替换和修正。所以说一个好的课程不是一蹴而就的，是需要不断修正和完善出来的。”说着，王振打开了一页 PPT，上面呈现了一张图，如图 7-1 所示。

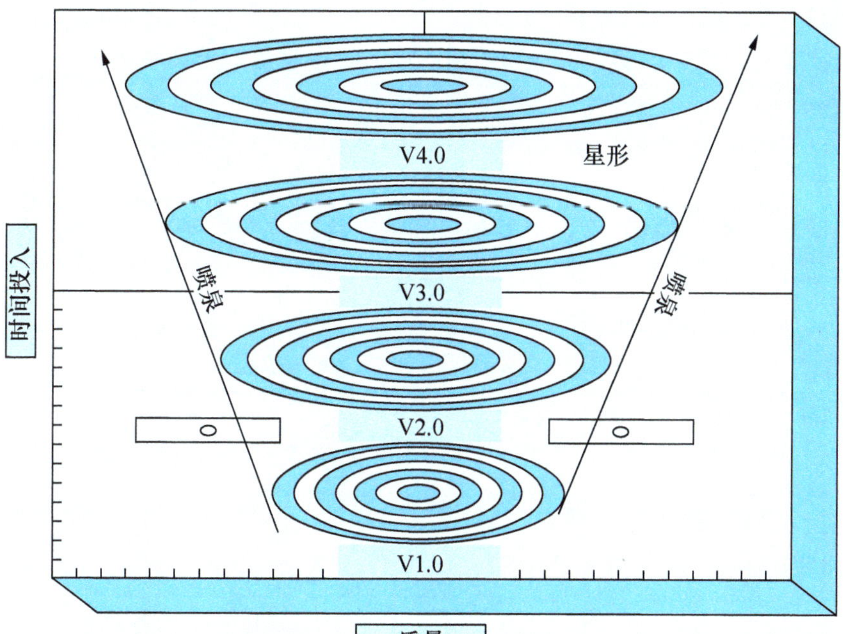

图 7-1　课程验证的喷泉效应

“从这张图可以看出，随着课程验证投入的时间越长，验证的次数越多，课程所呈现的效果也就越好。就像喷泉一样，效果不断得到涌动。从第一版本到第二版本，到最后的第N个版本。”

“是的，你这么说我也有感觉，我每次讲完课，都会去思考这次课程中，哪个提问，响应的学员较多；哪个问题问出来，学员没有反应；哪个案例对学员有没有触动，等等。这样上完课之后我会对课程做相应地修改和完善，这样几次下来，这门课我就讲得越来越好，就慢慢变成我的精品课程了。所以应该也是符合你这个喷泉效应的。”许静认可道。

“就是这个意思。所以我们才要讲验证评估这个内容。课程的验证评估主要分为3个阶段：第一阶段是课程设计人员的自我验证，通过自查自检找到一些问题；第二阶段是请业务专家、人资部门等对课程进行验证，主要是对课程的内容做验证和评估；第三阶段是邀请受训学员代表、讲师等参与验证，主要评估课程的实际授课效果。”王振说着打开文件袋，从里面拿出几份资料（表7-1～表7-3），递给许静，“为了让你更好地了解3个验证阶段需要做什么，以及如何评估，我这边给你列了3张评估表，1张评估表对应1个阶段，这样方便使用。”

表7-1 自我验证评估表（第一阶段）

项目	分类	分值（5分最高，1分最低）					5分的标准
内容组织	引导主题是否吸引学员	1	2	3	4	5	课程开始和单元开始都采用切题和引导的技巧吸引学员
		1	2	3	4	5	采用“悬念”和“适度夸张”的艺术手法处理讲解内容
		1	2	3	4	5	意料之外，情理之中的授课内容

（续表）

项目	分类	分值（5 分最高，1 分最低）					5 分的标准
内容组织	内容是否层次清晰、逻辑顺序是否合理自然	1	2	3	4	5	授课内容的组织有条理，内容分成几个部分；每个部分分成几个小点；每个小点分成几个层面，点线清晰，并有理论依据
		1	2	3	4	5	知识点、故事、案例之间有关系联系—主线的存在
		1	2	3	4	5	点之间的线—逻辑合情合理
	观点和论点是否清晰明确	1	2	3	4	5	授课内容观点清晰明确
		1	2	3	4	5	论证角度多元，不偏激、不片面，让人信服
		1	2	3	4	5	论据素材充分、可信
		1	2	3	4	5	论据所选素材与论点的关系密切，有说服力度
	内容安排是否有重点，主次是否明了	1	2	3	4	5	内容重点突出
		1	2	3	4	5	内容主次分明
	内容之间的联系和承接是否流畅和自然	1	2	3	4	5	课程从宏观上是一个整体
		1	2	3	4	5	内容上承接自然，一气呵成
教学方法	教学方法的整体设计合理	1	2	3	4	5	能够以夺人眼球的方式做开场，瞬间抓住学员的注意力，为后续课程开展打下良好基础
		1	2	3	4	5	课程的中间内容饱满，能够情理并茂，有教学引导的方式，让学员成为体验和思考的主角
		1	2	3	4	5	课程收尾做到余音绕梁，能够引发学员思考，让学员有机会回去学以致用

（续表）

项目	分类	分值（5分最高，1分最低）					5分的标准
教学方法	是否鼓励学员参与课程	1	2	3	4	5	采用的互动手段有大型研讨、提问、小型研讨、现场演练、读PPT、记笔记、现场调查、开心金库等各种方法，提高学员的学习兴趣
		1	2	3	4	5	课程中刻意安排互动环节，当发现学员兴趣低落时，会采用各种成人教学手段提高学习兴趣和参与意识，教学手段有讲授法、示范法、小组讨论法、角色扮演法、案例分析法、视听法、游戏法等
	是否适时提问启发学员思考	1	2	3	4	5	在需要时会向听众提出各种问题，让学员思考或回答，增强授课的互动性
		1	2	3	4	5	提出的问题适当，不难也不易；掌握提问的时机
		1	2	3	4	5	不会为互动而提问
教学材料	PPT的整体设计是否良好	1	2	3	4	5	每一张幻灯片中结构简要，做好文字图形搭配，而不是大量文字堆砌
		1	2	3	4	5	课件设计以美观为主，整体体现统一风格和基调
		1	2	3	4	5	课件中每一张幻灯片的颜色选择最好不超过4种
	文字格式设计教学材料是否做充分准备	1	2	3	4	5	包括字体、字号、行距、文字编号等内容，文字格式设计时要注意保持统一，标题文字和正文文字之间要在字体样式、字号大小上有所区别
		1	2	3	4	5	教学辅助材料完整，没有遗落
		1	2	3	4	5	教学辅助材料具实用性，可读性强，难易度适中
		1	2	3	4	5	教学辅助材料没有明显错误，整体布局合理

表 7-2　专家验证评估表（第二阶段）

课程有效性评估五维度	分值（5分最高，1分最低）					专家修改建议
该课程能够有效地解决组织目前发生的实际问题	1	2	3	4	5	
对知识点挖掘足够深入，对改良目前工作流程、模式、方式方法有启发	1	2	3	4	5	
课程分享之信息&知识与目前市场有效接轨，具备行业前瞻性	1	2	3	4	5	
课程能大量结合案例、素材进行讲解，易于理解&接受	1	2	3	4	5	
该课程提到的方法和工具价值高、实操性强、易复制推广	1	2	3	4	5	

表 7-3　讲师试讲验证评估表（第三阶段）

项目	评分标准	分值（5 分最高，1 分最低）				
肢体语言	站姿、行姿、手势表现是否得当，与听众是否有眼神交流	1	2	3	4	5
	是否适度控制紧张情绪，表现自然	1	2	3	4	5
表达技巧	表达是否清楚易懂，便于学员掌握和理解	1	2	3	4	5
	表达中是否运用相关技巧：如抑扬顿挫、停顿等	1	2	3	4	5
互动交流	是否运用各种互动调动学员积极性，鼓励学员参与	1	2	3	4	5
	是否关注学员提问及疑问，并及时做答和处理	1	2	3	4	5
内容组织	内容框架结构是否层次清晰、逻辑顺序合理自然	1	2	3	4	5
	素材的选择和使用是否贴合主题及内容，并具启发性	1	2	3	4	5
PPT制作	内容安排是否重点突出，主次分明	1	2	3	4	5
	是否图文搭配，适当运用简单的动画设计	1	2	3	4	5

（续表）

项目	评分标准	分值（5分最高，1分最低）				
总体评价	授课是否生动，能自始至终吸引听众，抓住听众注意力	1	2	3	4	5
	讲述是否有说服力和影响力，影响听众采取行动	1	2	3	4	5
综合评语：						

“这3张表就算是辅助工具了，我们要做3个阶段的课程验证评估时就可以套用了。”许静说道。

“是的，我们编制这3张表的目的就是为了方便大家做课程的评估验证，能够表单化操作。”王振看许静点点头表示认可，就继续说道，“其实课程三级评估验证主要就是做以下6个方面：验证聚焦问题是否有价值；验证课程内容是否有效果；验证课程逻辑是否有条理；验证教学互动是否有参与；验证时间安排是否有冲突；验证课程资料是否要修订。只不过我们把它细化，表格化了。”

“这样就点面结合了。既有主轴，又有具体的指导思路。”许静说道。

“对的。讲到这里，我们课程设计与开发的内容也差不多讲完了。相信你现在不仅课讲得好，而且也知道了如何开发出一门优秀的课程。就像我们之前说的，课程讲授和课程开发是相辅相成的。课程开发得好，讲授就会轻松。讲授要自如流畅，是基于课程精心设计的结果。接下来，我给你布置个作业。”说着，王振走到许静边上，“给你1个月的时间，开发出一门半天到1天的课程，把我们这个阶段所学的知识和技能都用上去。有不清楚及时来找我，1 个月后我们等着看你的精彩分享，可以吗？”

“没问题啊，我早已摩拳擦掌了，就是以后要多麻烦你啊，王经理。”许静不好意思地说道。

“我不怕麻烦，你有问题我们可以多交流。那就这么说定了啊！来，我们来击个掌，作为约定。”说着王振伸出了右手手掌。

“啪！”一声清脆的击掌声在小会议室回荡。而这声击掌声也拉开了许静将课程设计与开发技术学以致用的帷幕，让我们一起祝福她！

参考文献

1. [美] Katherine Cennamo，Debby Kalk. 真实世界的教学设计 . 北京：中国轻工业出版社，2007.
2. [美] 威廉 ·J. 罗思韦尔，H.C. 卡扎纳斯 . 掌握教学设计流程 . 北京：北京大学出版社，2007.
3. 王楠，崔连斌，刘洪沛 . 学习设计 . 北京：北京大学出版社，2013.
4. [美] M.P. 德里斯科尔 . 学习心理学——面向教学的取向 . 上海：华东师范大学出版社，2006.
5. [美] 卡尔 M. 卡普 . 游戏，让学习成瘾 . 北京：机械工业出版社，2015.
6. 韩斌 . 培训管理工作手册 . 北京：人民邮电出版社，2013.
7. 楼剑 . 成为明星讲师——TTT 培训全案 . 北京：人民邮电出版社，2016.
8. [美] 莎朗 ·L. 波曼 . 4C 法颠覆培训课堂 . 北京：电子工业出版社，2015.
9. 邢群麟 . 心理学一本通 . 北京：华文出版社，2010.
10. 盛群力，魏戈 . 聚焦五星教学 . 福州：福建教育出版社，2015.
11. [美] 洛林 ·W. 安德森 . 布卢姆教育目标分类学 . 北京：外语教学与研究出版社，2009.